2ª edição - Junho de 2025

Coordenação editorial
Ronaldo A. Sperdutti

Projeto gráfico e editoração
Juliana Mollinari

Capa
Juliana Mollinari

Imagens da capa
123RF

Assistente editorial
Ana Maria Rael Gambarini

Revisão
Érica Alvim
Alessandra Miranda de Sá
Ana Maria Rael Gambarini

Impressão
Lis gráfica

Direitos autorais reservados. É proibida a reprodução total ou parcial, de qualquer forma ou por qualquer meio, salvo com autorização da Editora. (Lei nº 9.610, de 19 de fevereiro de 1998)

Traduções somente com autorização por escrito da Editora.

© 2024-2025 by Boa Nova Editora.

Av. Porto Ferreira, 1031 | Parque Iracema
CEP 15809-020 | Catanduva-SP
17 3531.4444

www.**petit**.com.br | petit@petit.com.br
www.**boanova**.net | boanova@boanova.net

Dados Internacionais de Catalogação na Publicação (CIP)
(Câmara Brasileira do Livro, SP, Brasil)

```
Antônio Carlos (Espírito)
   O segredo / do espírito Antônio Carlos,
psicografia de Vera Lúcia Marinzeck de Carvalho. --
Catanduva, SP : Petit Editora, 2024.

   ISBN 978-65-5806-059-8

   1. Obras psicografadas 2. Romance espírita
I. Carvalho, Vera Lúcia Marinzeck de. II. Título.

24-194750                                    CDD-133.93
```

Índices para catálogo sistemático:

1. Romance espírita psicografado   133.93

Tábata Alves da Silva - Bibliotecária - CRB-8/9253

Impresso no Brasil – Printed in Brazil
02-06-25-3.000-10.000

Prezado(a) leitor(a),
Caso encontre neste livro alguma parte que acredita que vai interessar ou mesmo ajudar outras pessoas e decida distribuí-la por meio da internet ou outro meio, nunca deixe de mencionar a fonte, pois assim estará preservando os direitos do autor e, consequentemente, contribuindo para uma ótima divulgação do livro.

Psicografia
**VERA LÚCIA MARINZECK
DE CARVALHO**
do espírito **ANTÔNIO CARLOS**

O SEGREDO

SUMÁRIO

Capítulo 1... 7
◦ A CASINHA DO LAGO ◦

Capítulo 2... 19
◦ A VISITA ◦

Capítulo 3... 29
◦ OUTROS NOMES ◦

Capítulo 4... 43
◦ A VIAGEM DE TREM ◦

Capítulo 5... 57
◦ NA NOVA RESIDÊNCIA ◦

Capítulo 6... 75
◦ CARTAS ◦

Capítulo 7... 87
◦ UM ACONTECIMENTO INESPERADO ◦

Capítulo 8... 105
◦ TIO BASÍLIO ◦

Capítulo 9... 123
◦ MUDANDO ◦

Capítulo 10.. 139
⊙ JUNTOS E SEPARADOS ⊙

Capítulo 11.. 153
⊙ OUTRAS MUDANÇAS ⊙

Capítulo 12.. 171
⊙ MAIS PROBLEMAS ⊙

Capítulo 13.. 189
⊙ O SEGREDO ⊙

Capítulo 14.. 203
⊙ UM AMOR ⊙

Obras psicografadas pela médium Vera Lúcia Marinzeck de Carvalho......217

Capítulo 1

A CASINHA DO LAGO

Margarida esfregava as roupas e olhava o lago à sua frente.

Ela morava numa casinha nas margens de águas represadas que formavam uma grande extensão, todos por ali chamavam o local de Grande Lago. Sua casa ficava a uns quinze metros da margem, e esta distância variava com a estiagem ou no período chuvoso. A frente de sua moradia era do outro lado, o da estrada, que estava a uns quinhentos metros, e para chegar lá ia-se por uma trilha. No fundo, onde Margarida estava, havia uma pequena horta, de que ela cuidava com carinho, e o seu tanque. A água que usava na casa vinha da represa por uma bomba que enchia uma caixa-d'água que ficava a dois metros do chão, ao lado da sua cozinha; e a que usava para lavar roupas vinha de um esguicho. Margarida estava toda dolorida pela surra que havia levado. E foi por mais esta agressão que decidira:

"Vou esperar o horário combinado para lhe dizer que aceito ir embora com ele. Penso que é o melhor. Porém tenho que avisar o tio Basílio. Tio Basílio!".

O filho mais velho e o do meio brincavam perto, no gramado; faziam, de pauzinhos, carroças e canoas, e a caçula, de três meses, dormia dentro da casa.

"No horário, deixo-os, como sempre, brincando, vou e volto rápido. Tomara que Clarinda não acorde."

Pensou na sua vida:

"Tudo era razoável, mais ou menos bom, até eu completar doze anos e meu pai morrer. Tinha cinco irmãos e uma irmã; quando papai faleceu, minha irmã, era a mais velha, tinha ido para outra cidade, fora ser empregada doméstica e raramente nos dava notícias. Tinha dois irmãos mais novos que eu; nesta época, os dois eram pequenos. Era papai que nos sustentava. Com a morte dele, minha mãe doou os dois filhos menores para um homem que periodicamente ia por aqueles lados e levava crianças para serem adotadas em cidades grandes. Falava-se que muitas vezes ele as comprava, penso que mamãe os vendeu, porque ela teve dinheiro quando isso ocorreu. Pela região, a maioria das pessoas, principalmente os mais pobres, era preta ou parda. Mas nós éramos claros, meu pai era ruivo, de olhos verde-claros, éramos parecidos com ele. Passamos por muitas necessidades, tínhamos poucos alimentos e passamos fome. Um ano depois mamãe arrumou um companheiro. Por lá, naquela região, referiam-se a uniões de marido e mulher, porém era difícil um casal ser de fato casado. Não gostamos do nosso padrasto. Meu irmão mais velho foi embora de casa, e eu passei a ter muito medo desse homem, porque ele me olhava diferente. Mamãe também notou e evitava me deixar sozinha com ele. Minha mãe encontrou a solução. Umas duas a três horas andando, ia-se a outro vilarejo, onde residia um tio do meu pai, o tio Basílio, que era viúvo, não tinha filhos, e ela me levou para ele. O que escutei dela naquela tarde foi algo muito ruim: 'Tio Basílio, trouxe Margarida para o senhor. Não estou tendo condições de ficar com ela, faça com essa menina o que quiser. Ela sabe fazer de tudo numa casa, cozinha bem. Se o senhor não a quiser, a largue na rua!'. Mamãe foi embora sem se despedir".

Margarida suspirou e determinou:

"Eu nunca, mas nunca mesmo, largo um filho! Prefiro morrer e matá-los. Credo-cruz!" — arrepiou-se com este pensamento.

Esfregando a roupa, continuou a pensar:

"Senti muito medo naquele dia, não sabia o que aconteceria, o que esse tio Basílio poderia fazer comigo. E se me deixasse na rua, o que faria para viver? Porém o tio Basílio era calmo, de expressão bondosa. Devia ter, e de fato tinha, quarenta anos, mancava, a perna esquerda era mais curta que a direita, era magro, de estatura pequena. Ele me mostrou a casa. Para mim, a residência era grande e bonita, tinha três quartos, banheiro dentro da casa e todos os cômodos estavam limpos. Ele me mostrou um dos quartos, disse que seria o meu e, após, me convidou para almoçar. Eu, com fome, me alimentei, a comida estava gostosa. Vendo-me com medo, ele explicou: 'Margarida, vou ser seu pai de agora em diante. José, seu pai, e eu sempre fomos amigos. Não tenha medo, nada farei de mau a você."

Margarida estendeu a roupa no varal e escutou o assobio. O assobio era a indicação de que teria de ir. Olhou para os filhos, eles continuavam brincando, e não escutou choro da filha. Andando rápido, desceu do lado esquerdo por alguns metros, onde havia algumas árvores, e viu Lambari, o homem com quem ia se encontrar.

— Oi — cumprimentou ele. — Nossa! Seu rosto! Ele lhe bateu de novo? Por Deus! Juro que eu nunca irei fazer isso com você.

— Lambari, decidi ir com você.

— Quando? Espero que seja logo.

— Irei me despedir de um tio e contar a ele nosso plano para não lhe causar sofrimento, ele gosta de mim, não merece sofrer e...

— Espero que ele não nos atrapalhe — Lambari a interrompeu.

— Não! Ele não fará isso. Planejei fazer isso amanhã. Daqui a dois dias, no mesmo horário, assobie; se eu tiver voltado, virei e iremos embora à noite. Sábado é a melhor noite para fazer isso.

— Sei, é a noite em que Cidão vai à cidade — Lambari concordou. — Vou então organizar tudo. Dará certo, Margarida.

— Como você se chama? — Margarida quis saber.

— Por enquanto me chame pelo meu apelido, é melhor saber meu nome depois.

— Tenho de ir.

— Vá e não desista. Até mais ver! — despediu-se Lambari.

Margarida voltou rápido, escutou a filhinha chorar, entrou na casa com os filhos, amamentou a filha e foi fazer o almoço. A comida sempre era simples e não tinha como variar.

— Meu Deus! — lamentou. — Há tempos que não rezo. Mas não tenho tempo. Estou sentindo dores, os tabefes me doem. Não sei se dará certo o que irei fazer. Mas o que pode ser pior que isto, que esta vida?

Planejou tudo e repetiu por vezes o que decidira fazer.

"Rever o tio Basílio será muito gratificante. Ele é muito bondoso! Tive paz enquanto estive com ele", suspirou e lamentou: "Escrevemo-nos, eu para ele, e titio para mim; as cartas dele vão para o mercadinho, e dona Rosa, a proprietária, as entrega para Cidão ou me traz, porque ela vem sempre se consultar com dona Nininha. Nas cartas, evito me queixar para não preocupá-lo."

Sempre tinha muito o que fazer. Recolheu a roupa, não as passava, a não ser alguma de Cidão, quando ele ordenava. O ferro de passar era de brasas. Ali não havia eletricidade, usavam-se lampiões, tinha uma lanterna para emergência. A casinha era pequena, e ela a mantinha sempre limpa. Tinha três cômodos: a porta da entrada dava para um maior, que era sala e cozinha, onde tinha uma mesa e cinco cadeiras, um armário, um fogão a lenha e uma pia, na qual usava o esguicho para lavar a louça e a água escorria para fora da casa; e tinha dois quartos, um dela e Cidão, e o outro, onde dormiam os três filhos, os dois meninos numa cama de solteiro e a nenezinha num pequeno berço. A latrina ficava ao lado deste quarto, e tinha outra fora da casa, perto da horta. Tomavam banho de bacia e a água era esquentada. Margarida sempre gostou de verduras, por isso fez a horta, e era lá que plantara as mudas de ervas que dona Nininha lhe dera para os chás que fazia. O que achava pior naquele lugar era a falta de conversar. Cidão certamente conversava com os colegas de trabalho, queria sossego em casa. Conversava pouco com ela. Falava com os filhos, mas sentia falta de trocar ideia com alguém, escutar novidades. Realmente se sentia sozinha.

Enquanto lidava com os trabalhos de casa, ficou pensando:

"Tio Basílio foi bom comigo, respeitador, é uma pessoa caridosa. Matriculou-me na escola assim que fui morar com ele. Eu e meus irmãos havíamos frequentado a escola por um período, os meninos um pouco mais. Mamãe precisava de ajuda nos trabalhos de casa, tirou minha irmã da escola e, quando ela foi embora, foi a minha vez de sair para ajudá-la ou fazer para ela quase todo o serviço. Mamãe gostava de sair, passear, conversar com as amigas. Não tive uma infância boa, penso mesmo que não era feliz, e depois que papai faleceu foi um período muito sofrido, estava sempre apavorada e com muito medo."

Tentou fazer uma comida melhor, mais caprichada, ela fazia uma vez por dia para o almoço e jantar.

"Farei de tudo, me esforçarei para esperá-lo acordada", decidiu Margarida.

Aparecido, o companheiro de Margarida, era alto, forte, trabalhava de peão numa fazenda próxima e almoçava lá, onde o proprietário dava o almoço. Ele ia de bicicleta ou a cavalo, seu caminho era primeiro pela trilha até a estrada, seguia e estava na fazenda. Normalmente ele fazia o trajeto entre vinte e trinta minutos. Seguindo esta estrada por mais alguns minutos, chegava a um povoado, uma vila pequena, onde havia bares, um mercadinho, uma farmácia e um bom farmacêutico; também tinha uma capela, igrejinha, aonde um padre ia uma vez por mês rezar a missa, realizar casamentos e batizados. Margarida, nesses quatro anos que morava ali, fora somente duas vezes à vila. Cidão recebia por mês e era ele quem fazia as compras. A casinha em que moravam era dele, que recebera de herança de seu pai; até antes de levá-la, ele morava ali com o pai e o fez até seu genitor falecer. Era filho único desse homem; ele não sabia da mãe, que os abandonara. Cidão dizia sempre que queria ter muitos filhos para não serem sozinhos como ele foi.

Aparecido era chamado, conhecido por Cidão. Para Margarida, ele era uma pessoa estranha e sentia muito medo, porque, por motivos fúteis ou até sem motivos, ele batia nela. Estava sempre com hematomas e até pequenos cortes.

"Dona Nininha", pensou Margarida, "fala sempre que quem amamenta não fica grávida, mas eu fiquei duas vezes, mesmo amamentando, agora estou com muito medo de engravidar novamente. Orfeu tem três anos, fez aniversário no mês passado. Teobaldo fará dois anos daqui a dois meses, e tenho Clarinda com três meses. Estou fazendo de tudo para amamentá-la e tomando aquele chá de gosto ruim que dona Nininha me ensinou."

Nininha era a vizinha mais próxima deles. Não morava longe se fosse de canoa; se fosse por terra, ela tinha que seguir uma trilha até a estrada e percorrer uns oitocentos metros até a trilha que ia à casa de Margarida. Nininha era uma mulher incomum, quando Margarida a viu, teve a sensação de que ela era uma feiticeira ou algo assim. Embora achando-a diferente, era uma boa pessoa. Nininha morava com um companheiro, dizia já ter tido oito, somente um deles morrera, separara-se dos outros. Teve quatro filhos, dois moravam com ela, os dois mais velhos residiam na vila. Ela tinha uma horta grande e a maior parte das plantas era de ervas. Nininha fazia um pouco de tudo, era parteira, fazia remédios caseiros. Assim que Margarida se mudou para lá estando grávida, foi Nininha quem a ajudou. Ela cobrava pelos atendimentos; os partos, Cidão pagou, porém, para outras coisas, Nininha ficou com pena da vizinha e a ensinou a fazer chás para dar ao Cidão, para ele dormir e lhe dar sossego.

As árvores onde ela se encontrava com Lambari escondiam a casa de Nininha e de Margarida, porém ela se preocupava, temia que a vizinha os visse juntos.

— Os partos! — exclamou Margarida lamentando. — Como foram sofridos!

Combinaram que, quando Margarida começasse a sentir as dores do parto, ela bateria numa lata e que a vizinha ouviria o barulho.

"Fiz isso, mas Nininha demorou; quando chegou, me examinou, disse que ia demorar e voltou para sua casa prometendo voltar. Fiquei aqui sozinha, com dores e com medo."

— Como sofri! — lastimou falando baixinho.

Nininha voltou e Cidão também chegou do trabalho, ele acabou dormindo, e o nenê nasceu às duas horas da madrugada. Ela estava exausta. Nininha ajudou e, após, foi para sua casa, mas antes deu uma lição para Cidão, que era para ele ajudá-la, que Margarida deveria ficar deitada e que não batesse nela. Cidão ficou contente por ser pai e por ter tido um menino.

— Fiquei grávida de novo! — continuou falando sozinha.

Novamente seu parto foi difícil, pensou que ia morrer. Não foi diferente, Cidão ficou contente e por uns tempos esteve menos rude.

— Tive Clarinda! — exclamou Margarida. — Amo meus filhos, tive partos difíceis, demorados, pouco repouso e tenho medo de ter mais filhos. Como criá-los aqui? Tomara que dona Nininha não tenha me visto ir às árvores nem Lambari rondando por aqui, e, se nos viu, que não comente; ela parece gostar de mim e eu gosto dela, mas não a ponto de contar o que planejo fazer, somente ao tio Basílio irei falar, isto para que não sofra.

"Será que dona Nininha é feiticeira? Ou algo assim? Uma vez Cidão me perguntou o que achava dela. Com ele, sempre penso no que responder, o fiz com receio: 'Dona Nininha é para mim uma parteira, a única por aqui. Quase não a vejo'. Cidão nada falou, penso que ele não quer que eu converse com ninguém."

Eles tinham, ou Cidão tinha, uma canoa a remos e ficava ancorada à beira da represa. Às vezes, escondida do companheiro, Margarida ia de canoa à casa de Nininha para conversar um pouquinho e levava os filhos. Foi nessas visitas que ganhou mudas de ervas e passou a usá-las para chás.

Cidão chegou, a olhou e não disse nada, as crianças já estavam dormindo. Sentou-se e ela lhe serviu o jantar. Margarida esforçou-se para parecer natural e não se contradizer, mentiu:

— Cidão, a mulher do dono do mercadinho, a dona Rosa, teve que vir se consultar com dona Nininha e veio aqui me avisar que o tio Basílio mandou um recado de que está muito mal de saúde e quer me ver.

Falou e calou. Nesses quase quatro anos que estava ali, não vira mais o tio, sentia muita saudade e falta da atenção e carinho dele.

— Você sabe que estou tendo muito trabalho e que estou nesta época trabalhando também na colheita, quando ganho mais. Tenho chegado mais tarde porque, além de cuidar do gado, faço extra colhendo.

— Sim, sei — disse Margarida.

— Não posso levá-la.

"Ele nunca pode ou não quer ir", pensou ela.

— Cidão, pelo recado, titio está para morrer. Tio Basílio sempre dizia que ia me deixar o que tem, que é a casa em que mora e umas terras; o sítio que está arrendado, pelo que sei, é produtivo e não fica longe da cidade. Será que não é bom eu ir e verificar isso?

Os olhos de Cidão brilharam de cobiça.

— De fato, se ele nos deixar aquele sítio, mudaremos para lá e trabalharei no que é meu. Você deve ir. Será que dona Nininha não ficaria com as crianças?

— Se você deixar, eu irei de charrete e levo as crianças comigo. Saio cedo amanhã, você me ajuda com a charrete, coloco um colchão atrás para as crianças se deitarem ou ficarem sentadas. Vou e retorno no outro dia. — Margarida reforçou: — Assim que me certificar de que titio irá nos deixar tudo, pedirei a ele que já nos dê o sítio; assim, você deixa de ser empregado.

— Será muito bom! Faça isso! Converse com seu tio. Vendo este pedaço de terra e nos mudaremos para o sítio.

— Fiz o seu chá — Margarida o serviu.

Ele tomou o chá oferecido, começou a fazer planos.

— Se der certo, ofereço este pedaço de terra ao senhor Arlindo, ele já quis comprar, me disse que quer fazer casas para alugar a pessoas ricas que desejam passar férias, dias, às margens da represa. Com o dinheiro, vamos para o sítio e lá posso plantar milho, feijão ou fazer uma grande horta e vender hortaliças.

Foi falando mole, encostou a cabeça na mesa, Margarida o ajudou a ir para a cama e ele dormiu. Ela suspirou aliviada.

Foi até o cavalo, lhe deu milho, o limpou, verificou a charrete, estava tudo certo. Entrou na casa e arrumou o que ia levar. Colocaria o colchão de solteiro em que os dois filhos dormiam atrás na charrete, levaria poucas roupas, as que tinha eram poucas mesmo.

Não estava com sono, mas sim agitada e ansiosa para fazer essa viagem, rezou rogando para que tudo desse certo.

Deitou e acabou por dormir. Acordou cedo e fez o café; Cidão, ao tomá-lo, a olhou e recomendou:

— Seu rosto tem ainda algumas marcas, não conte ao seu tio o porquê; fale, se perguntar, que caiu. Diga que tem uma vida muito boa e não trabalha na lavoura como muitas mulheres, que ajudam os maridos, diga que você somente cuida da casa e das crianças. Entendeu?

— Sim.

— Espero mesmo que tenha entendido. Você sabe bem o que acontece quando me desobedece. Agora vou ajudá-la.

Ele arrumou a charrete e colocou nela o que Margarida ia levar. Depois foi para o trabalho de bicicleta, mas antes recomendou:

— Faça tudo como planejamos, convença seu tio a nos dar o sítio.

"Nem se preocupou por eu ir sozinha nem me desejou que fizesse uma boa viagem", lamentou.

Acordou os dois filhos, os alimentou e amamentou a nenenzinha; apagou o fogo do chão, fechou a casa, colocou os três atrás na charrete em cima do colchão. O mais velho alegrou-se, ele gostava de andar de charrete. Subiu no veículo e olhou a casinha, toda pintada de azul-clarinho. Quando ela fora morar ali, a casa não estava pintada; depois de dois anos, ela a pintou de azul, sua cor preferida. Olhou sua horta, gostava muito dela.

"Quando me for, talvez toda a horta morra de sede, mesmo com tanta água por perto."

Margarida, guiando o cavalo com cuidado, seguiu pela trilha.

— Que Deus nos proteja! Que a Virgem Maria me guie nesta viagem!

Na estrada, não viu mais sua casinha. Seguiu viagem.

Capítulo 2

A VISITA

Margarida decidiu ir devagar para não cansar o cavalo; pelos seus cálculos, chegaria ao meio-dia na residência de seu tio; saiu da trilha e seguiu pela estrada, logo passou por uma bifurcação em que uma das entradas ia para a fazenda onde Cidão trabalhava; minutos depois, viu a vila, a estrada novamente se bifurcava, uma saída entrava na vila e a outra, que deveria seguir, passava por mais duas vilas para chegar à cidade em que o tio morava.

Depois de duas horas, parou à beira da estrada para dar alimentos aos dois filhos e amamentar a filhinha; desceu, deu água e depois mais milho para o cavalo. Vinte minutos depois, seguiu viagem, agora com os filhos acordados. Embora fossem muito bonzinhos, eles estavam sempre querendo alguma coisa e teve de parar por mais vezes.

Atenta, prestando muita atenção tanto nos filhos como no caminho, ficou tensa e nervosa. Suspirou aliviada quando entrou na cidade em que o tio morava, passou pela periferia e chegou ao lar do tio às quatorze horas.

Desceu, tirou os filhos da charrete e gritou pelo tio. Basílio surpreendeu-se e se alegrou em vê-la. Abraçaram-se, ele fez com que entrassem e se alimentassem. Deixando-os comendo, tirou o cavalo da charrete, colocando-o no quintal, e guardou a charrete. Entrou.

— Que surpresa, Margarida! Que surpresa boa! Por que veio? — o tio quis saber.

— Tenho que conversar com o senhor. Vou cuidar das crianças, elas estão cansadas. Posso dar banho neles?

Basílio a ajudou, ela deu banho nos filhos. Na casa de Basílio, havia chuveiro com água quente, os dois meninos se alegraram com a novidade. Depois, deixou os dois meninos no chão brincando, acomodou a menininha numa cadeira e contou para o tio por que fora.

— Titio, vim avisá-lo do que pretendo fazer para que o senhor não se assuste ou sofra sem precisar.

Margarida contou falando compassadamente e evitou se queixar demais, falou como era sua rotina de vida.

— Que horror, Margarida! Por que não me contou nas cartas? — Basílio se indignou.

— Não queria preocupá-lo.

— Penso que tenho um pouco de culpa. Você estava aqui comigo, eu queria falar sobre a vida, sobre sexo e não tive coragem. Deveria tê-lo feito. Também não a defendi quando precisou.

— Não sinta culpa, titio — pediu Margarida. — Não fui leviana. Cidão, ao me ver, decidiu que ia ser a mulher dele.

— Sim, sei. Ele espalhou por aí que viera aqui para levar uma mulher com ele. Escolheu uma virgem e que sabia cuidar de uma casa.

— Senti-me lisonjeada quando ele me olhou, preferindo a mim às minhas colegas. Ele é bonito, forte, me deu balas e me convidou para sair. Passeamos na praça e no segundo encontro me levou para o mato e tivemos relações sexuais, eu pensava que o namoro era daquela forma.

— Aí — lembrou Basílio — ele espalhou que esteve com você e que com certeza estava esperando um filho dele. Tudo foi muito rápido. Ele veio aqui avisar que ia levá-la, a fez pegar suas roupas e você foi embora.

— Foi isso o que aconteceu — concordou Margarida. — Fui embora com ele e de fato engravidei. Cidão deixou que eu escrevesse para o senhor, e a correspondência era de um mercadinho. Receber suas cartas era o meu consolo. Obrigada, titio!

— Pelo que vejo no seu rosto, ele surra você! — observou Basílio.

— Com os motivos dele e até sem. A primeira surra foi depois de dois meses que estava lá, na casinha do lago. Corri para encontrá-lo quando ele chegou do trabalho para lhe mostrar o peixe que havia pescado. Ele gritou comigo: "Quem autorizou você a pescar? Não gosto de peixes". Ele me bateu, me deu tapas nas costas e no rosto, chorei sentida e levei mais alguns. "Não gosto de mulher chorona. Cale-se, senão apanha mais."

Margarida fez uma pausa e Basílio a escutava penalizado. Ela continuou a contar:

— Não conseguia entender e acreditar no que estava acontecendo. Arrependi-me por ter ido, quis ir embora, mas ele avisou e muitas vezes me ameaçou: "Se você for embora, eu a encontro, mato você e seu tio". Tive medo e tentava fazer de tudo para não o contrariar, mas mesmo assim continuei apanhando.

— Você sempre gostou de peixes. Não os come mais? — perguntou o tio.

— Como, sim. Pesco e, ao lado da casa, não muito perto, fiz um fogão de pedras, onde coloco o peixe limpo temperado com sal e ervas e o asso. Dou também para os meninos, sei que é um bom alimento. Faço isso para Cidão não sentir dentro da casa o cheiro de peixe.

— Margarida — Basílio se preocupou —, você foi impulsiva em relação a Cidão. Será que não acontecerá o mesmo com Lambari? Como ele se chama?

— Não sei, titio, ele prefere me contar depois. Penso que, se algo não der certo, ninguém saberá quem ele é.

— Fale-me mais sobre esse homem — pediu Basílio.

— Se juntar os minutos que conversamos, talvez não dê duas horas — concluiu Margarida. — Mas sinto que ele é calmo, não é violento. Ele está há um mês do outro lado do lago trabalhando com pescado. Ele contou que vinha de uma viagem, parou para descansar e me viu, eu tinha ido de canoa à casa de uma vizinha, estava com meus três filhos. Ele me abordou, perguntou se precisava de ajuda e me pediu para encontrá-lo entre as árvores perto de minha casa; disse que, ao chegar lá, ele assobiaria. Ele seguiu seu caminho, e eu, o meu. Aquela noite, por estar cansada, dormi e, por não ter esquentado o jantar para Cidão, ele me bateu. Revoltei-me e, no outro dia, ao escutar o assobio, fui e conversamos. Ele me disse que, ao me ver, se apaixonou, queria que eu fosse embora com ele e levasse meus filhos. Nesses encontros, que passaram a ser diários, menos aos domingos, em que Cidão ficava em casa, ele me contou que não era impotente, mas infértil, que não poderia ter filhos, que me levaria para o lar dele como sua mulher e meus filhos seriam dele.

"Não demoro, titio, nesses encontros; se não está chovendo, pela manhã, ele assobia e eu vou ao encontro dele, e estes são rápidos. Lambari é respeitador, somente pega em minhas mãos e por vezes acariciou os ferimentos no meu rosto. Ele fica indignado pelas surras que levo, ele jurou nunca me bater. Tomamos sempre muito cuidado para não sermos vistos. Fizemos planos. Estava indecisa, mas, por outra surra, decidi ir. Titio, não posso voltar para cá, Cidão viria me buscar, e é bem capaz de bater no senhor; eu com certeza levaria uma surra que me marcaria e minha vida seria bem pior. Penso que a vida, Deus, está me dando uma oportunidade de estar melhor."

— Como fez para Cidão deixar você vir me visitar? — perguntou Basílio.

— Menti para ele, disse que o senhor mandara recado de que estava doente, queria me ver e que eu precisava vir para saber se ainda seria sua herdeira. Cidão concordou e sugeriu que eu pedisse ao senhor para nos dar agora o sítio, mudaríamos para cá e ele trabalharia no que era dele. Cidão é violento, mas é trabalhador. Vim para voltar logo, amanhã irei embora, direi a ele que o senhor aceitou e que quer nos ver para acertar tudo. Direi também que voltaremos aqui assim que terminar a colheita. Ele com certeza ficará contente, não irá me bater, e eu logo, penso que no outro dia, farei o que planejo.

— Tenho medo por você — Basílio se preocupou. — Às vezes pensamos que nada pode piorar, e piora. Numa coisa concordo com você: não pode vir para cá, será o primeiro lugar em que ele a procurará e, se a encontrar, será uma calamidade; eu, infelizmente, não conseguiria protegê-la.

Prepararam o jantar e ficaram conversando, os dois meninos brincavam perto deles, e a nenezinha estava no chão, em cima de um cobertor.

— Titio, me perdoe, nunca quis preocupá-lo. Assim que for possível, escrevo para o senhor mandando o endereço, mudarei de nome; diga, se alguém perguntar, que é uma prima. O senhor continuará me escrevendo, quero continuar recebendo notícias suas.

— Farei isso — concordou Basílio. — Tenho umas economias, é pouco, vou dar a você, e amanhã cedinho irei comprar umas roupas para vocês, serão poucas, duas trocas, para que leve. Esconda o dinheiro e essas roupas de Cidão. Escreva sempre e não esconda se não der certo, tentarei ajudá-la a fugir de novo e ir para longe. Vou rezar para Deus a proteger. Você fez aniversário na semana passada.

— Nossa, é mesmo! Eu esqueci. Completei vinte anos.

— Você continua bonita; se se cuidar, ficará mais ainda — observou Basílio.

— Titio, não sei explicar como ou por que, mas sinto que dará certo — opinou Margarida.

— Que Deus a proteja! — rogou Basílio.

Margarida quis aproveitar a presença do tio e ficaram conversando; ele deu notícias da mãe dela, que ela trocara de companheiro, tivera mais dois filhos e os doara.

— Dizem que ela os vendeu assim que os teve, as crianças eram clarinhas. Aquele homem que de vez em quando vinha por aqui atrás de crianças continua vindo, ele compra crianças, de preferência pequenas, ele afirma que são para casais sem filhos. Espero que seja mesmo. De seus irmãos, o que sei é que: a mais velha casou e mora longe daqui; de seus irmãos, somente um está por aqui, ele está bem, casou e é trabalhador. Você não quer tentar revê-los ou alguma de suas amigas?

— Não! — Margarida respondeu rápido. — Naquela época, tinha amigas, estudávamos juntas; depois do que aconteceu, do que Cidão falou, elas se afastaram e não quiseram falar mais comigo. A vida nos separou. Eu as entendo, tornei-me para elas, ou para as famílias delas, uma má companhia. Não quero revê-las, principalmente por não terem dado certo as coisas para mim. Quanto aos meus irmãos, separamo-nos, é melhor ficarmos separados; mamãe nunca se importou comigo, enquanto estive aqui com o senhor não veio me ver nem quis saber como estava. É melhor que continue assim.

— Entendo, porém a lembro de que todos têm problemas.

— Sei — concordou Margarida —, porém uns mais e outros menos. Será que alguma de minhas amigas é surrada pelo marido? Elas têm a família para protegê-las. — Vendo que o tio a olhou sentido, se desculpou: — Perdoe-me, titio, o senhor não teve chance de me proteger e não tem.

Mudaram de assunto, recordaram-se de momentos alegres de quando ela estivera morando ali. Riram.

Colocou as crianças para dormir. Margarida decidiu ir embora logo após o almoço. Foram dormir tarde e acordaram cedo no outro dia. Ambos queriam desfrutar de mais tempo juntos. O tio saiu e voltou rápido, comprou duas trocas de roupas para cada um deles. Margarida gostou do presente.

Almoçaram mais cedo e logo depois Margarida partiu, saiu da cidade e, na estrada, ela chorou.

"Como eu queria voltar no tempo, estar com o titio e não ter de retornar para a casinha do lago", lamentou.

Atenta tanto à estrada quanto aos filhos, retornou sem problemas. Em casa, cuidou dos filhos, tirou o cavalo da charrete, escondeu as roupas e o dinheiro que ganhara do tio dentro do colchão que os filhos dormiam, fez o jantar e esperou Cidão. Ele chegou ávido pelas novidades. Margarida mentiu:

— Encontrei titio adoentado, mas já tinha melhorado de quando ele mandou me avisar que estava passando mal. Ele se alegrou em me ver e conhecer as crianças.

— Você falou a ele sobre o sítio? — Cidão quis saber.

— Sim, falei. Titio gostou da ideia. Afirmou que fez um testamento me deixando tudo o que tem e disse que seria bom irmos para lá e cuidar do sítio, que, no momento, está arrendado, mas o contrato do arrendamento vence daqui a dois meses. Ele quer conversar com você, pediu para irmos lá logo que você acabe a colheita, e aí poderemos nos mudar.

— Pelo jeito você gostou da visita — observou Cidão.

— Gostei de rever titio e da oportunidade que ele está nos dando. Assim você não será mais empregado.

— É... — Os olhos de Cidão brilharam ambiciosos.

Margarida lhe serviu o chá que o faria dormir.

— Margarida, ontem demorei a dormir — queixou-se Cidão.

"Por não ter tomado o chá", pensou ela.

— Cidão, você deve ter se preocupado conosco e sentido a falta das crianças.

— É. Há tempos não fico sozinho.

Como ele estava contente e por ela ter feito tudo certinho e ter dado certo, foram dormir.

No outro dia, a mesma rotina, e, assim que escutou o assobio, chegou a correr para se encontrar com Lambari. Pela primeira vez, abraçaram-se.

— Tudo certo! — exclamou Margarida.

— Eu planejei e acertei o que iremos fazer — contou Lambari.

Falando rápido, para não demorarem, acertaram os detalhes. Combinaram que, às onze horas, ela, sem fazer barulho ou acender qualquer luz, iria para a canoa com as crianças.

— Dará certo! Espero-a! — exclamou ele.

— Você jura mesmo que nunca irá me bater? — pediu Margarida.

— Juro! Juro! Nunca irei bater em você. Por Deus, irei sempre tratá-la bem. Na viagem, teremos tempo de conversar bastante e planejar nossas vidas. Gosto de você!

Despediram-se e Margarida voltou correndo para casa.

O dia fora bem escolhido; todos os sábados, que era dia normal de trabalho, folgava somente aos domingos, Cidão e os amigos iam para a vila, à noite, onde, no bar, bebiam, conversavam, às vezes jogavam cartas e ficavam até tarde. Normalmente, Cidão chegava em casa cansado e não jantava, porque costumava comer no bar, deitava e dormia.

"Cidão nem se importará se não me vir deitada, pensará que estou amamentando no outro quarto", concluiu ela. "Depois, quando ele chegar, eu já estarei longe. Irei às onze horas e ele chega sempre às duas ou três horas da manhã."

Pegou e colocou numa sacola o dinheiro e as roupas que o tio havia lhe dado, que escondera no colchão onde os dois filhos dormiam. Iria levar poucas coisas. Ansiosa, aflita, se organizou, fez e refez seus planos. Fez o almoço, alimentaram-se e foi ficando cada vez mais ansiosa esperando pelo horário.

À noite, colocou no chá que os filhos costumavam tomar umas folhinhas da erva que fazia dormir e deu duas colheradas para a nenê.

"Assim eles não acordam e não terá perigo de eles chorarem", concluiu ela.

Os filhos dormiram. Ela levou para a canoa o que ia levar, sabia o caminho e fizera o trajeto no escuro. A luz da lua crescente iluminava pouco. Perto das onze horas, levou o filho mais velho e o acomodou na canoa, depois a nenê e, após, o segundo filho.

"Tomara que eles não acordem!", desejou rogando.

Desamarrou a canoa e, remando cadenciadamente, procurando não fazer barulho, remou para o local do encontro.

Capítulo 3

∽ OUTROS NOMES ∽

Margarida remava e sentia o coração bater forte, sua respiração estava ofegante.

"Se Lambari não vier, volto para casa e ajo como se nada tivesse acontecido. Mas o que faço com Cidão, que já deu como certo ir conversar com tio Basílio e ter o sítio para ele? Meu Deus!"

Parou no lugar combinado, era no meio do lago e mais para o lado direito de sua morada. Esperou por minutos, que lhe pareceram muito tempo. Escutou:

— Margarida! Estou chegando!

Ela não respondeu, somente bateu o remo n'água para indicar onde estava. Não acenderam luz nenhuma. Escutou a canoa onde ele estava se aproximar e emparelhar com a dela.

— Cuidado! — sussurrou Lambari. — Devemos evitar falar e fazer barulho. Dê-me o garoto maior.

Ele pegou o menino com cuidado e o colocou em cima de um cobertor que estava no fundo do barco. Depois pegou o outro, a nenê e o saco que ela levaria; após, a ajudou a mudar de barco.

— Pegou tudo? Não ficou nada? — perguntou Lambari.

— Não! — Margarida também sussurrou.

Lambari, com o remo, empurrou a canoa em que ela estava, para que ficasse à deriva, para a direita do lago, local que todos diziam ser mais profundo. Ele remou rápido para a outra margem. Margarida evitou pensar, seu coração batia forte e sentia medo.

"Se Cidão nos encontrar, mata ele e eu."

Minutos depois, aproximaram-se da margem. Ele fincou a canoa no barranco.

— Vamos descer! — ele continuou falando baixinho. — Evitemos conversar e acender a lanterna. Coloque um menino nos meus braços. Vamos acomodá-los na charrete, que está ali, a uns dez metros do barranco.

Lambari acendeu por dez segundos a lanterna e mostrou o caminho para ela. Ali, como em todas as margens da represa, havia pedras pequenas e uma subida; onde pararam era um lugar fácil de se locomover. Ela viu uma charrete. Ele pegou um dos meninos com cuidado, subiu e, pelo barulho, Margarida entendeu que ele colocou o filho na charrete. Logo ele foi buscar o outro e após levou o cobertor e o saco; Margarida, com a nenezinha no colo, subiu junto. Novamente e rápido ele acendeu a lanterna para mostrar a ela como ele acomodara os meninos e onde ela deveria se sentar. Os garotos estavam deitados em cima de um colchão e ele os cobriu com o cobertor que estava na canoa. Ela sentou num canto da charrete com a filhinha no colo. Ele, com cuidado, evitando fazer barulho, a pé, puxou o cavalo até a estrada. Então se sentou no banco e devagar foi seguindo pela estrada.

— Margarida — falou baixinho —, a pior parte já foi. Sossegue! Ainda bem que nenhuma das crianças acordou. Vamos seguir em silêncio e sem acender a lanterna. Penso que ninguém por aqui nos verá. Com Deus, conseguiremos ir para longe.

"Aquela erva que coloquei no chá faz dormir mesmo", pensou Margarida. "Os meninos, se estão bem, sem nenhuma dor, dormem a noite toda, a nenê acorda somente para mamar. Mesmo os pegando, levando-os de um lugar a outro, não acordaram. Graças a Deus!"

Ela estava cansada; no escuro, no ritmo cadenciado, encostou a cabeça no banco da charrete e acabou por dormir. Acordou com o sol despontando, olhou, estavam numa estrada. Lambari a olhou e sorriu.

— Bom dia! — a cumprimentou alegre, porém ainda falando baixinho. — Aqui onde estamos não precisamos falar mais baixo, porém as crianças ainda estão dormindo. Embora seguindo devagar, já nos distanciamos bastante. Precisamos conversar e nos organizar.

— Para onde vamos? — perguntou Margarida.

— Quando as crianças acordarem, vamos parar um pouco, trouxe alimentos para nós. Estamos indo para uma cidade grande, onde nos hospedaremos numa pensão, arrumaremos documentos e depois vamos para nossa casa. Chamo-me Alfredo. Margarida, vocês terão de mudar de nomes. Nesta cidade grande, no cartório estão registrando pessoas. Quem quer pode ser registrado, acertar os documentos. Eu os tenho. Você se registrará, escolherá os nomes de seus pais, avós e outros nomes para nossos filhos. De agora em diante eles serão meus. Por favor, faça-os, principalmente o mais velho, me chamar de "pai".

Ela ficou escutando, não se tranquilizou, continuou com medo.

"Será verdade o que ele fala? Alfredo! Este é o seu nome. E se ele for aquele homem que compra criança onde minha mãe mora? Meus filhos são bonitos e pequenos. Ai, meu Deus! Será que fiz bem em vir?"

Os dois meninos acordaram, estranharam por estar numa charrete, mas quando viram a mãe sorriram.

— Vamos parar — determinou Alfredo. — Papai e mamãe cuidarão de vocês. Sou o papai!

— Pai — disse o mais velho franzindo a testa.

— Sim, querido — Margarida sorriu para ele. — Este é o papai! Irá chamá-lo assim. Está bem?

Alfredo parou a charrete debaixo de uma árvore. Ele colocou o cobertor no chão, na grama, tirou os meninos da charrete e ajudou Margarida a descer; ela ficou surpresa, não estava acostumada a receber atenção. Ele pegou uma cesta.

— Margarida, aqui tem alimentos, coma e dê para as crianças. Vou dar água e milho para o cavalo.

Depois que ele cuidou do cavalo, sentou-se perto deles e se alimentou. Na cesta havia, para Margarida, fartura, pães, bolos, doces e frutas. A menininha acordou, e ela a amamentou e a trocou.

— Tenho poucas fraldas — disse Margarida.

— Compraremos mais na cidade, mas será somente amanhã. Se as fraldas estiverem sujas somente de xixi, passe-as n'água e as coloque para secar na charrete.

Alfredo tirou de um outro saco dois carrinhos e deu para os meninos. Os garotinhos se alegraram, eles não tinham brinquedos.

— Agora — decidiu Alfredo — vamos subir na charrete novamente e continuaremos a viagem. Quando nos cansarmos ou o sol ficar forte, pararemos para descansar e à noite para dormir. Pelos meus cálculos chegaremos a essa cidade amanhã para o almoço.

Acomodaram-se novamente na charrete, agora os dois meninos sentados brincavam contentes com os carrinhos que ganharam.

— Não fique preocupada — pediu Alfredo para Margarida —, tudo dará certo.

Margarida pensou que, por ser domingo e pela casa estar silenciosa, Cidão acordaria mais tarde e então procuraria por ela porque iria querer o café.

"O que será que Cidão fará ao não me ver? Com certeza xingará, ficará nervoso, me procurará aos gritos, ameaçará me dar uma surra que nunca esquecerei."

— Margarida! — Alfredo a fez despertar de seus pensamentos. — Precisamos escolher outro nome para você e para as crianças para registrá-los. No seu registro precisará dos nomes de seus pais e avós. Das crianças, os nossos e dos avós deles. Como você irá querer se chamar?

Margarida pensou por uns momentos e decidiu:

— Chamarei-me Lucíola! Gosto deste nome, é de uma personagem de um livro que lemos na escola. O nome do meu pai era José. Gostaria que continuasse, mas não quero colocar o nome de minha mãe.

— Lucíola é bonito! — concordou Alfredo. — O outro nome acabou, findou, morreu e não deve ser mais pronunciado, nunca mais. Gosto de José. Meu pai chamava-se Luís. Que tal colocarmos o nome do menino mais velho dos dois avôs? José Luís. E não devemos chamá-lo de Zé, será José Luís.

— Concordo! Seremos agora Alfredo e Lucíola!

— Na fazenda em que moro todos me chamam de "senhor Alfredo", e este é de fato meu nome. Ninguém me chama de Lambari. Fui chamado assim somente ali na represa e lá ninguém soube meu nome. Na quinta-feira despedi-me de todos, fingi ir embora, mas me escondi. Tenho a certeza de que não serei citado no ocorrido.

— De quem é aquela canoa? E esta charrete? — Margarida, agora Lucíola, curiosa, quis saber.

— Eu não falei que ia planejar e acertar tudo? A charrete e o cavalo são meus, comprei-os para viajar, não tinha planos de ficar por lá, no grande lago, porém vi você, me apaixonei e fiquei, porque me contaram como você vivia, que era infeliz vivendo com aquele homem bruto. Na quinta-feira, me escondi com a charrete e o cavalo, antes havia comprado alimentos. Na noite de sábado, levei a charrete e a deixei onde você a viu. A canoa, eu a peguei sem pedir, ela é de um conhecido que a deixa ali e fica trancada com cadeado; eu fiz a chave, usei a canoa e depois a deixei no mesmo lugar e trancada. Ninguém irá saber que eu a usei. O colchão era o que eu usava e também o cobertor.

— Planejou bem — elogiou Lucíola.

— Sim, penso que fiz tudo certo. — Alfredo continuou a falar de seus planos: — Na minha casa, agora sua também, disse a todos que sou casado e que tenho filhos, não falei os nomes deles. Já temos Lucíola e José Luís, terá de inventar o nome de sua mãe e dos avós. Marcaremos neste papel para não nos esquecermos. Agora escolha o nome do outro menino e da filhinha.

— Gosto de Edson. Você gosta? — opinou ela.

— Sim, ele se chamará Edson. E a menina?

— Mariana!

— Muito bonito! — concordou Alfredo.

Lucíola escreveu no papel que ele dera os nomes de seus pais: o genitor continuou José, mudou o da mãe para Maria Aparecida e inventou os dos avós.

— Lucíola — explicou Alfredo —, a cidade que eu nasci é onde fui em viagem, será lá que todos nasceram. Certo?

— Sim — concordou Lucíola.

— É longe e difícil de alguém que conheço se certificar. O importante é ter tudo de cor para fazer o registro, depois conversaremos sobre o que você irá precisar saber.

Lucíola resolveu conversar com os meninos, explicar para eles:

— Filhinhos — era o termo carinhoso que costumava usar —, papai e mamãe os amam. Estamos passeando. Papai é este, ele se chama Alfredo e é muito bonzinho, ele deu a vocês os brinquedos. Você se chama José Luís! Repita!

O menino repetiu, depois fez o mesmo com o outro e repetiu muitas vezes. O sol esquentou; Alfredo encontrou perto da estrada um riacho, onde tinha umas árvores; parou e soltou o cavalo, que tomou água e foi pastar. Alimentaram-se e ele se deitou.

— Vou dormir um pouco, Lucíola, quero viajar mais à noite e não dormi na noite passada.

Ela ficou brincando com as crianças e os fez correr e gastar energias. Com carinho, repetia os novos nomes e que deveriam chamar Alfredo de "pai". O filho do meio o fez rápido, e o mais velho, se não o fazia, ela o fazia repetir.

Quando o sol não estava mais tão quente, era de tarde, acomodaram-se novamente na charrete e seguiram viagem. Alfredo ia devagar para não cansar o cavalo, as crianças brincavam, Mariana dormia, acordava, mamava, estava a menininha contente aconchegada no colo da mãe. Escureceu, Alfredo acendeu a lanterna.

— Um pouco mais à frente, há um lugar que conheço em que podemos passar a noite.

Deviam ser vinte e uma horas quando ele parou, desceu e, guiando o cavalo, saiu da estrada, passou por umas árvores e se defrontaram com um terreno limpo, próprio para acampar. Parou e ajudou todos a descerem, limpou o local, colocou o colchão no chão, abriu a cesta e pediu para eles comerem. Esfriara, Lucíola pegou o saco de roupas que levara e colocou roupas mais quentes, umas por cima das outras, nos filhos, e também o fez consigo. Alfredo cuidou do cavalo e o deixou perto e amarrado. Sentaram-se para se alimentar.

— Você consegue se deitar no colchão com as crianças? — perguntou Alfredo a ela. — Eu os cobrirei com a coberta.

— Daremos um jeito — respondeu Lucíola.

Os meninos brincaram por alguns minutos, correram por perto, cansaram-se, ela os acomodou no colchão e os cobriu. O saco que ela levara com algumas roupas, o fez de travesseiro e deitou perto do colchão no chão. Alfredo também se agasalhou e deitou do outro lado do colchão. Tentaram dormir e descansar.

Lucíola orou pedindo proteção:

"Jesus, Nossa Senhora, nos protejam!". Olhou para Alfredo e pensou: "Ele é gentil e trata bem meus filhos, ou agora nossos. Parece ser bondoso. Tomara que seja sempre assim".

Acabou dormindo. O sol despontou, Alfredo levantou-se e a chamou:

— Lucíola! Acorde! Vamos seguir viagem. Chegaremos à cidade que falei para o almoço. Acorde os meninos. Comeremos o que sobrou.

Logo após, estavam novamente na estrada. As crianças, cansadas, reclamavam; ela, com carinho, tentava acalmá-las.

Foi um alívio quando chegaram à cidade, pois o sol estava forte e fazia calor. Lucíola admirou-se, nem imaginava como era uma cidade grande. Pararam em frente a uma pensão.

— Vamos descer — determinou Alfredo.

Ele os ajudou a descer e entraram na pensão, Alfredo conversou com uma mulher, pagou pela estadia e pegou a chave.

— Venham, crianças! Venha, Lucíola! Vamos para o quarto.

A mulher foi à frente, mostrou o quarto, Alfredo abriu a porta e se defrontaram com um quarto grande.

— Ali é o banheiro — mostrou a dona da pensão.

Entraram no quarto.

— Lucíola, vou comprar o nosso almoço. Dê banho nas crianças e depois se banhe.

Saiu, Lucíola fez o que fora recomendado. Foi muito gostoso tomar banho de chuveiro; na casa em que morava, se banhava na bacia.

Alfredo retornou e pediu para eles descerem até o refeitório da pensão. Ele levou comida gostosa, e eles se alimentaram.

— Sei que precisamos descansar — observou Alfredo —, deitemos por uma hora, depois iremos fazer compras e, após o jantar, aí sim descansaremos.

Alfredo pediu à dona da pensão para colocar um colchão no chão e um berço. Ele acomodou-se no chão, e Lucíola e os dois meninos, na cama. Cansados, alimentados, dormiram. Alfredo os acordou.

— Vamos, Lucíola, fazer umas compras. Vocês não podem chegar à minha casa somente com essas roupas.

Saíram os quatro.

— E a charrete e o cavalo? — perguntou Lucíola.

— Eu os vendi e dei o colchão e o cobertor. Agora iremos continuar a viagem de trem.

— Trem?!

Lucíola somente vira um trem em gravura na escola.

Ela admirou o movimento, as pessoas, as lojas e achou a cidade linda. Lucíola estava com a filhinha no colo e Alfredo pegou nas mãos dos meninos. Foram andando devagar.

— Aqui, nesta loja, vamos encontrar roupas para as crianças.

Ele a ajudou a escolher roupas para os três, que para ela eram lindas, boas e caras. Foram a outra loja de roupa feminina, ele pediu para que experimentasse algumas, e outras, como ela afirmou que serviam, Alfredo as comprou. Lucíola nem sabia o que pensar, estava maravilhada, nunca até então comprara tantas roupas lindas e novas. Foram depois a uma perfumaria, ele comprou xampu, cremes, batons, desodorante e perfume.

— Uma mulher deve ter tudo isso! — determinou ele.

Foram a um restaurante e jantaram; após, voltaram à pensão. Ele foi tomar banho. Acomodaram-se para dormir, todos estavam sonolentos; Lucíola na cama de casal com os meninos, a nenê no berço, e ele no colchão no chão. Dormiram.

Acordaram no outro dia às oito horas, sentiram-se descansados, tomaram o desjejum na pensão e saíram, foram fazer os registros. Ali, naquela cidade, estava sendo feita uma campanha para que todos se registrassem, era somente ir ao cartório e estava sendo gratuito. Não pegaram fila e se registraram. Lucíola levou sua cola; primeiro foi ela a fazer seus documentos e depois fizeram os das crianças com o novo pai. Agora todos tinham documentos. Cidão registrara os filhos, mas ela deixou os documentos na casa, não iria precisar dos antigos.

José Luís aprendeu rápido: dizia seu nome, os dos irmãos e chamava Alfredo de pai. Edson, que ainda não falava direito nem correto, do modo dele, também o fazia, isto alegrou Alfredo.

— Vamos agora almoçar — determinou Alfredo. — Depois iremos passear um pouco pela cidade e voltaremos para a pensão. Amanhã cedo, às sete horas, pegaremos o trem e, às quatorze horas, chegaremos ao nosso destino.

Quando voltaram para a pensão, as crianças, sonolentas e cansadas, dormiram. Alfredo saiu. Quando acordaram, tomaram banho, colocaram roupas novas, Lucíola deixou os cabelos soltos, usava-os presos por um coque por ser mais fácil de pentear, mas, lavados com xampu e creme, os penteou facilmente, passou batom e se perfumou. Quando Alfredo chegou, a elogiou:

— Você, Lucíola, é de fato muito bonita! Está linda! — Fez uma pequena pausa e explicou: — Na minha casa viveremos como marido e mulher, aqui não, porém iniciaremos com um namoro. Não quero forçar nada, não quero me parecer com o outro.

— Estou bem e feliz! — exclamou ela.

— E será sempre assim a nossa vida juntos! — afirmou Alfredo.

Lucíola acreditou.

Jantaram perto da pensão.

— Saí à tarde — contou ele — para olhar uns produtos agrícolas e comprei umas coisas que serão depois entregues.

Vamos ficar um pouquinho, após o jantar, na pracinha. Amanhã cedo partiremos e logo estaremos longe. Tentei escutar se chegou por aqui algum comentário sobre seu sumiço. Nada escutei. Comprei umas roupas para mim e duas malas para colocarmos as roupas.

Sentaram num banco da praça e os dois garotos brincavam por ali, na frente deles.

"Cidão", pensou Lucíola, "e todos pensarão que eu matei meus filhos e depois me matei. Deve estar havendo muitos comentários. Com certeza, se Cidão sentir alguma coisa, deve ser pelos filhos. Porém ele, como pai, nunca os agradou, como Alfredo faz agora. Tomara que ele seja um bom pai para eles e, para mim, um bom marido."

Lucíola estava de fato bonita: ela tinha os cabelos até o meio das costas, eram louro-avermelhados e cacheados; o batom dera contorno aos seus lábios bonitos; e as roupas novas lhe caíram bem, era magra, de altura mediana. Observou Alfredo, que no momento ria com os meninos.

"Alfredo parece de fato ser o pai deles. José Luís é parecido com Cidão, porém Alfredo tem o mesmo tipo dele, de meu ex-companheiro, ele é alto, forte, claro, e os dois têm o mesmo tom de cabelo. Edson não se parecia com ninguém, mas por coincidência sorri como Alfredo. Mariana se parece comigo, o mesmo tom de cabelo, e cacheado, e traços delicados."

Voltaram à pensão, arrumaram as malas e foram dormir para no outro dia levantarem cedo. Lucíola estava ansiosa e esperançosa, querendo mesmo ficar bem longe de Cidão.

"Se alguém", pensou ela, "nos viu e nosso plano não deu certo, e ele vier atrás de mim, dos filhos... Ai, meu Deus! Faça, Jesus, que nosso plano tenha dado certo. Voltar para Cidão seria o pior castigo do mundo. Estou gostando muito de estar aqui, faz dois dias que não trabalho, como comida que não fui eu que fiz, mas mesmo assim me sinto cansada, talvez o termo correto seja 'ansiosa'. Mas me sinto bem, tenho medo de acordar e estar na casinha do lago com Cidão gritando e me batendo por nada. O melhor é dormir, amanhã estaremos longe".

Acabou dormindo e acordou com Mariana choramingando, querendo mamar. Foi amamentá-la.

— Está na hora — disse Alfredo, que também acordou. — Vou trocar os meninos, tomaremos café e partiremos.

"Que bom que acordei e estou aqui e não na casinha do lago."

Suspirou e sorriu, Alfredo retribuiu o sorriso.

Capítulo 4

A VIAGEM DE TREM

Após o café da manhã, saíram da pensão e entraram num táxi, que os levaria à estação ferroviária. Lucíola e os filhos não haviam, até então, entrado num carro e gostaram da experiência. O veículo parou em frente à estação. Alfredo contratou um homem que ali trabalhava para levar as duas malas, ele pegou nas mãos os meninos. Lucíola estava com Mariana no colo. Ficaram todos perto. Estava sendo muita novidade para ela e para os meninos, e eles não sabiam para onde olhar. A estação era grande e movimentada. Alfredo comprou as passagens e se dirigiram para a plataforma para esperar o trem, um outro estava saindo. Edson se assustou com o barulho; por ver aquele veículo enorme, ficou com medo e começou a chorar; Alfredo o pegou no colo e conversou com ele. Lucíola pegou, segurando forte, a mão de José Luís.

— Calma, filhinhos — ela tentou acalmá-los. — Isso é o trem! Muito bonito! Legal! A gente entra nele, senta, e essa máquina desliza pelos trilhos. Não tenham medo!

Edson parou de chorar e abraçou Alfredo, que o acariciou; o novo pai ficou contente com o gesto do garoto.

Lucíola acariciou José Luís, porque percebeu que o mais velho também estava com medo.

— Será muito gostoso entrar nele, no trem, vocês vão ver. Calma, José Luís, não tenha medo.

Os meninos se acalmaram. O trem em que iam viajar chegou. Eles entraram, e o carregador colocou as malas no bagageiro, recebeu e saiu.

— Comprei as passagens para estes dois bancos — mostrou ele. — Vou virá-los um de frente para o outro. Pronto! Agora nos acomodamos!

Alfredo sentou-se no meio dos dois meninos para lhes dar segurança e foi calmamente explicando para eles tudo o que acontecia. Logo os meninos gostaram da viagem, estava sendo para eles uma aventura. Quiseram olhar pela janela, ficaram de pé para observar, estavam eufóricos. Alfredo sorria ao vê-los contentes. Para Lucíola era também novidade, ela estava maravilhada. O trem parou em outra estação, e eles não se assustaram mais com o apito, gostaram e sorriram.

— O trem — explicou Alfredo — para em algumas cidades: umas pessoas descem, outras entram.

— Alfredo — observou Lucíola —, você está sendo carinhoso com os meninos. Obrigada!

— Fui criado — contou ele — com pais carinhosos, que não batiam em filhos, educavam com conversas. Quero ser como meus pais. Ele batia neles?

— Não! — respondeu Lucíola. — Eu sempre estava atenta para que as crianças não o aborrecessem, porque temia que ele pudesse surrá-las.

— Pelos vagões, sempre passa vendedor — elucidou Alfredo. — Vende-se de tudo.

De fato, logo passou um senhor com um carrinho vendendo diversos itens. Ele comprou lanches, pipocas, doces e bolachas, uns brinquedos e olhou os bonés.

— Lucíola, vamos comprar bonés para os garotos. Escolha!

— José Luís, qual boné você quer? — perguntou a mãe.

— Esse! — mostrou o menino.

— Ele gosta da cor verde, escolhe sempre quando é perguntado o verde — explicou Lucíola.

Ela pegou o verde e escolheu um outro para Edson. Colocou-os em suas cabeças.

— Eles não precisam ficar aqui, dentro do trem, de boné — observou Alfredo. — Boné serve para proteger a cabeça do sol. Lucíola, me desculpe, mas os cabelos deles estão muito curtos e mal cortados.

— Era eu quem os cortava e com uma tesoura muito velha, que fora da mãe do Cidão. Agora, observando outras crianças, entendi que não se usam cabelos assim.

— Os bonés podem esconder esses cortes, mas cabelos crescem; eu os levarei, de agora em diante, ao barbeiro, e eles terão cabelos bonitos. Não fale na nossa casa que era você quem os cortava. Fale que você, por não poder sair, por causa de Mariana, pediu para uma vizinha levá-los ao barbeiro, e ela pediu para serem cortados assim.

— Tudo bem — concordou Lucíola.

— A viagem, se não atrasar, está marcada para chegarmos ao nosso destino às treze horas. Como não avisei quando voltaria, não teremos o almoço, então devemos mesmo comer o que vendem no trem. Agora, Lucíola, que os meninos estão gostando da viagem, vamos aproveitar para conversar.

Ele se sentou ao lado dela, os meninos ora se sentavam ora iam à janela e exclamavam contentes:

— Olhe Edson, as vaquinhas!

— Veja aquela casa!

— Lucíola, por falar em vaquinha, eles irão tomar leite; chás, somente se precisarem. Tenho vacas na minha fazenda.

— Que bom! Sei que leite é um bom alimento para crianças. Darei também para Mariana.

— Agora — decidiu ele — vamos planejar para não nos contradizer. Sua vida será outra: a da Lucíola. Você nasceu e cresceu na cidade que citei, que está no seu registro. Essa cidade deve ser como a que morou com seu tio, lá não tem represa. Há bares, uma praça, uma igreja, onde tem um padre, algumas lojas e médicos. É pequena, tem uns quinze mil habitantes. Você não precisa mentir quanto à escola, lá as têm. Diga que você tem uma irmã que foi embora para longe e você perdeu o contato dela, que seu pai faleceu e que, quando sua mãe casou-se de novo, você não se deu bem com o padrasto; por isso casou tão nova.

— Isto é verdade, parte dela — interrompeu Lucíola. — Tenho irmãos, mas não sei deles. A vida nos separou.

— Quanto a nós — continuou Alfredo —, como todos da cidade, conhecíamo-nos desde crianças, namoramos por dois anos e resolvemos casar, você com quinze anos, para que saísse da casa de sua mãe. Tivemos três filhos e os partos foram difíceis.

— Foram mesmo — Lucíola novamente o interrompeu. — Sofri muito, e a maior parte do tempo estive sozinha, fui ajudada por uma parteira.

— É isto que falaremos: que foi atendida por uma parteira, mas omitiremos que esteve sozinha. Lá a maioria das mulheres tem partos com parteiras. Mas, como não teremos mais filhos, diga que o parto da Mariana complicou, que a parteira falou que seu útero virou e que não terá mais filhos.

— Isto ocorre mesmo? — perguntou Lucíola.

— Não sei, escutei isso de minha mãe, ela falava que esse fato ocorreu com ela, por isso teve somente cinco filhos.

— Falo isso e não me importo se isso pode ocorrer ou não — decidiu ela.

— Lucíola, estou há sete meses nessa fazenda; diremos que você, grávida, com os dois pequenos e por ser uma viagem longa, não foi comigo; depois, eu queria deixar tudo arrumado para recebê-los. Então ficou e agora fui buscá-la.

— Realmente devemos planejar bem o que falaremos sobre nós.

— Conhecemo-nos — repetiu ele — desde crianças; embora eu morasse na fazenda, ia muito à cidade; eu também estudei o básico, namoramos como todos os jovens e sempre nos demos bem.

— Penso que sobre isso está tudo decidido. Agora gostaria que me falasse sobre você — pediu Lucíola.

Enquanto conversavam, estavam sempre sendo interrompidos pelos meninos e até por Mariana. Foram muitas vezes ao sanitário.

— Deixe-me pegar Mariana para você descansar os braços.

Alfredo a pegou. Continuaram conversando, ele a esclareceu:

— O que você pode falar no lugar em que iremos morar e que todos sabem porque eu contei é: meus pais viveram bem, um casal que combinava e se gostava; mamãe morreu, sofreu um ataque do coração, talvez um enfarto; meu pai ficou muito desgostoso e oito meses depois também faleceu, ele foi encontrado morto em sua cama, provavelmente do coração também. Isto, Lucíola, é verdade, foi isto que ocorreu. Meu pai era rico, pelo menos para o lugar em que morávamos. A fazenda era grande; com a morte de papai, meus irmãos e eu resolvemos vendê-la. Fizemos isso, e eu peguei minha parte e quis me aventurar em outro lugar. Coloquei o dinheiro no banco, vim para uma região sobre a qual meu tio, irmão de minha mãe, comentava muito, ele conhecia e gostava deste lugar. Vim, percorri por dias cidadezinhas perguntando sobre as fazendas à venda. Gostei de fato da região, me informaram de umas terras à venda, as vi, gostei e acabei por fazer negócio; comprei uma fazenda, ela é pequena, mas, com trabalho, está sendo e será produtiva. Viajei para buscá-los, demorei porque eu ainda não conhecia Mariana e esperamos uns dias para viajar com eles em segurança. Viajamos de charrete, paramos muito para descansar e ficamos em pensões; depois viajamos de trem. Você precisa saber os nomes de meus pais, irmãos, das cunhadas e de meus sobrinhos. Por favor, eu falo e você repete.

Lucíola repetiu. Ele a elogiou e ela sentiu seu rosto se avermelhar, não estava acostumada a receber elogios.

— Diremos que meus irmãos e eu nos dávamos bem, mas nos desentendemos na partilha e cortamos relações, por isso não planejamos voltar lá, também por ser longe, demorar a viagem... e que, por esse motivo, talvez, eles não venham nos visitar.

— Você tem vinte e sete anos. Não foi antes casado? Ou não é casado? — Lucíola quis saber.

— Casado, não! Sou solteiro! — afirmou Alfredo. — Tive namoradas, envolvimentos, mas nada sério. Cuidei muito de meus pais, meus irmãos mais velhos se casaram, saíram de casa, e eu fiquei com eles. Na fazenda, fiquei por dois anos com uma moça, ela queria filhos, começamos a nos desentender e nos separamos. Meus envolvimentos não merecem ser mencionados, não deixaram marcas, passaram com o vento.

— Alfredo, como você tem certeza de que não pode ter filhos? — Lucíola estava curiosa.

Ele demorou uns segundos para responder, ela pensou:

"Talvez possamos ter outros filhos. Será que ele fará diferença entre eles, como os meus e os dele?"

— Não posso ter filhos — afirmou Alfredo voltando a falar. — Quando a relação com essa moça, a da fazenda, não estava mais dando certo, mamãe me contou que eu pequeno, com dois anos e nove meses, tivera caxumba e, num descuido dela, subi por uma escada no telhado atrás de um dos meus irmãos e caí de uma altura de dois metros. Machuquei-me, tive alguns cortes, muitos arranhões, e minha doença se complicou; fiquei muito mal, a ponto de meus pais temerem que morresse. Lucíola, isso não deve ser mencionado. Por favor, repita para mim o que você deve falar.

Ela novamente o fez:

— Sempre moramos na mesma cidade; eu tenho uma irmã mais velha que, mocinha, foi para uma cidade grande trabalhar, deu algumas notícias, mas depois não as deu mais, perdi o contato com ela. — Isto, sobre a irmã, ela não mentiu. — Meu pai morreu, minha mãe se casou de novo, mas eu tinha medo e não gostava do meu padrasto. Você e eu nos conhecemos desde crianças, namoramos e, por não querer mais ficar com minha mãe, nós dois resolvemos casar; as crianças nasceram em partos difíceis e o terceiro foi mais ainda, então a parteira afirmou que talvez eu não pudesse ter mais filhos. Quando você perdeu os pais, eles faleceram, venderam a fazenda e você quis se mudar para longe, para um local onde seu tio passara e gostara.

Repetiu de novo os nomes de todos da família dele.

— Que boa memória! — ele a elogiou novamente.

— Onde mora esse seu tio? — perguntou Lucíola.

— Quando ele me disse isso, trabalhava viajando vendendo produtos, ia para muitos lugares. Esse tio gostava dessa região, a que moro agora, dizia ser produtiva, não faltar chuvas e as pessoas serem melhores. Esse meu tio já faleceu, e antes de minha mãe. Quando quis me mudar, sair de lá, me lembrei dele, resolvi vir e de fato gostei da região. Com o dinheiro que recebi de herança, comprei a fazenda. Haviam ficado duas casas na cidade, que eram de meus pais, sem vender; meus irmãos venderam, e eu tinha de assinar para passar a escritura, foi por esse motivo que viajei. O que eu agora irei lhe contar será para ficar entre nós dois. Para todos na fazenda, eu fui à cidade para resolver um problema, agora será porque fui buscá-la.

Alfredo fez uma pausa, Lucíola percebeu que ele se entristeceu com as lembranças. Ele, após responder uma indagação de José Luís, olhou para Lucíola e voltou a contar:

— Como falei, meu pai era rico. A diferença entre mim e meus irmãos é de muitos anos. Isto porque mamãe teve meus dois irmãos, depois duas meninas e por último eu. Uma das meninas morreu com nove meses por uma febre, talvez por alguma doença que não fora diagnosticada. A outra, com cinco anos, faleceu por um acidente, foi muito triste. Meu pai estava chegando em casa, estava a cavalo tocando gado, ela foi encontrá-lo querendo mostrar a ele um brinquedo que ganhara, devia ser uma coisa grande que fazia barulho, nunca soube o que era, este assunto era sofrido para minha mãe. Minha irmãzinha, saltitando e fazendo barulho, foi ao encontro de papai; o gado se assustou e ela foi pisoteada por dois bois. Muito machucada, sobreviveu por dois dias.

"Ficamos somente nós três. Quando meu irmão mais velho completou dezoito anos, meu pai deu a ele um sítio situado do outro lado da cidade e mais perto dela. Meu irmão foi morar nele, trabalhar e com vinte anos se casou. O outro, papai comprou para ele um armazém, onde ele vende tudo para agricultura, sementes, adubos e materiais de construção. Ele, trabalhando, foi progredindo, também se casou novo. Meu pai não me deu nada, talvez pensasse que eu poderia ficar com a fazenda porque era eu que há tempos cuidava dela. Quando papai faleceu, meus dois irmãos resolveram vender a fazenda e dividir o dinheiro em três partes. Eu os lembrei de que nosso genitor havia dado coisas para eles e que era eu há anos que trabalhava na fazenda. Os dois disseram que iam fazer o que planejaram, dividir em três. Meu irmão mais velho pegou muitas cabeças de gado da fazenda e as levou para seu sítio. Os dois, meu outro irmão e ele, brigaram feio; o que é dono do armazém pegou uma faca e foi atacar o outro, eu entrei no meio, ele me feriu e também o outro irmão. Olhe, Lucíola, a cicatriz no meu braço."

Alfredo levantou a manga da camisa e Lucíola viu uma cicatriz que ia do ombro até uns dois dedos antes do cotovelo.

— Ninguém — voltou Alfredo a contar — por aqui me perguntou o porquê dessa cicatriz; depois, estou sempre de camisa, mas, se perguntarem, foi por um tombo quando criança, caí de uma árvore e um galho me espetou. Certo?

— Sim, estou atenta ao que fala — concordou Lucíola.

— Isso é bom! Mentir é sempre ruim, tem inconveniências e se pode se contradizer. Mas, nesta nossa situação, não vejo, não encontro alternativas. Lucíola, esse será nosso segredo. Segredo é algo que não se deve dizer, não pode ser divulgado, que deve ficar oculto. Juramento para mim é algo muito sério. Jurei, está jurado. Eu o fiz de que não ia nunca bater em você e pode ter certeza de que eu não o farei. Sou contra violência. Fui criado com amor, meus pais não batiam em nós, e eu nunca bati em ninguém. Você, para nossa tranquilidade, deve jurar para mim que nunca, mas nunca mesmo e para ninguém, dirá o que fizemos. Você jura? Juramento para você é importante? Costuma cumprir seus juramentos?

— Até hoje, eu não jurei. Mas agora juro, e juro por Deus, que nunca, para ninguém, contarei o que fizemos. Será o nosso segredo.

— Isso me tranquiliza! — Alfredo suspirou aliviado. — Não sei se o que fizemos é crime, porém foi errado. E toda cautela com aquele outro deve ser tomada, o cara é violento!

— Sim, é.

Lucíola sentiu um frio na barriga só em pensar na ira de Cidão. Porém passou rápido e ela pediu:

— Acabe de contar a briga de seus irmãos.

— O ferimento — Alfredo a atendeu e voltou à sua narrativa — do meu irmão foi um pouco mais grave, fomos para o hospital, fomos atendidos, suturados, medicados e resolvemos não dar queixa. Os dois, mesmo brigados, e, se não fosse pela minha intervenção, talvez um tivesse morrido e o outro sido preso e se tornado assassino, resolveram, mesmo se declarando inimigos, se unir para me lesar. Disseram-me que eu não tinha filhos para deixar a eles bens materiais, que eles não me pediram para que cuidasse de nossos pais e que o dinheiro da venda da fazenda seria dividido em três. Eu já me chateara muito, pensei nos meus pais, que eram pais deles também, mas, para mim, quando eles precisaram, eram meus, o fiz para eles; se meus pais soubessem o que estava acontecendo, com certeza, estariam sofrendo. Eu não queria brigas, concordei e disse para os dois: "Vocês sabem que estão me lesando, eu também sei. Fico triste. Lembro-os de que mamãe falava: algo mal adquirido é mal gasto. Tudo bem. Faremos como vocês dois querem". Vendemos a fazenda, passamos a escritura sem conversar, eu nem olhei para eles. Arrumei tudo para viajar. Tenho um amigo que trabalha no cartório, contei a ele que ia partir, mas que lhe escreveria dando meu endereço, o fiz jurar que não o daria a ninguém e pedi que me escrevesse quando meus irmãos vendessem as casas. Fui embora, despedi-me de poucas pessoas e aqui comprei a fazenda. Meus dois irmãos venderam as duas casas, desconfiei de que ficaram com mais do que me deram, mas não me importei, antes ser lesado que ser o enganador. Voltei lá somente para isso, visitei somente uma antiga empregada de minha mãe, dei dinheiro a ela. Vi meus irmãos no cartório, nem os cumprimentei, assinamos a escritura e recebi minha parte. Agradeci meu amigo que trabalha no cartório e ele me contou que meus irmãos não têm mais amizade. Pedi para ele rasgar meu endereço e retornei.

Lucíola se admirou e elogiou:

— Você é honesto!

— Sou, sim, tento sempre ser justo e bom. Estou há pouco tempo nesse meu novo lar, mas os empregados gostam de mim. Lucíola, eu era solteiro; na fazenda tive uns envolvimentos, e você poderá saber, escutar comentários.

— Podemos dizer que, por não querer me mudar e acompanhá-lo, brigamos, estivemos separados, reconciliamo-nos e você foi me buscar.

— Será assim! — concordou ele. — Com o que recebi da venda dessas duas casas, comprei materiais para a fazenda e compraremos para nós e para as crianças o que necessitarmos. Você gostará de lá, a casa-sede é grande, confortável, ainda não tem eletricidade, mas está programado para ter logo. Tem banheiro dentro de casa e chuveiro com água quente pelo sistema de serpentina, canos passam por dentro do fogão a lenha e esquentam a água, que vai para um reservatório no banheiro. Tenho uma empregada, quero continuar com ela, esta moça é honesta e eu a respeito.

— Eu ter empregada?! — Lucíola admirou-se.

— Por que não? Essa moça chama-se Marta. Ela era empregada dos antigos proprietários da fazenda. Quando a comprei, o senhor me deu boas referências dela. Esse senhor já havia se mudado de lá, foram residir em outra cidade, ele vinha de quinze em quinze dias para cuidar de tudo. Esse antigo proprietário me contou que eles quiseram levar Marta, mas ela não quis ir. Marta faz tudo direitinho. A casa é grande e você tem as crianças para cuidar, ela a ajudará. Ela é diferente.

— Diferente como? — perguntou Lucíola curiosa.

— Ela tem cicatrizes. Marta se veste sempre com roupas de mangas longas, eu nunca vi, me contaram que seu braço esquerdo tem muitas cicatrizes. Mas é o seu rosto... Ela tem uma cicatriz grande do lado esquerdo do rosto, que começa no couro cabeludo, passa pela testa, pela orelha... o olho esquerdo ficou repuxado, mas ela enxerga com ele; a boca é torta, mas isto não a impede de falar normalmente, não sei como; o nariz não foi tão atingido, é quase perfeito. A coitadinha tenta esconder, e usa o cabelo para isso, mas não costuma dar certo.

— O que aconteceu com ela para ter essas cicatrizes? — perguntou Lucíola.

— Não procurei saber detalhes, somente sei que foi por água fervente. Ela é uma boa pessoa. Você gostará dela.

— Nós nos daremos bem, com certeza. Alfredo, quero que saiba que sou uma pessoa fácil de combinar e gosto de ajudar, tenho dó de todos que sofrem.

Ele a olhou, sorriu e esclareceu:

— Com toda certeza sua maneira de viver será muito diferente. Verá muitas pessoas e terá muitas delas para conversar. A fazenda é perto da cidade, você poderá ir andando, com certeza caminhará por uns trinta minutos, poderá também ir pedalando de bicicleta, na fazenda tem duas, ou ir de charrete. Fará amizades, as pessoas que moram pela região e na cidade são amáveis, lá podemos encontrar muitas coisas para comprar e, mesmo em casa, conversará com a Marta, com os empregados e com as mulheres deles, temos três casas de colonos, e todas estão ocupadas.

— Que maravilha! Irei gostar, sim! Obrigada, Alfredo!

— Não vamos nos agradecer. Vamos, sim, com esperança, começar uma nova vida.

Continuaram conversando, repassaram alguns assuntos e falaram de si, do que gostavam, de alguns fatos engraçados, interessantes que aconteceram com eles.

A viagem de trem foi muito agradável, os meninos gostaram demais, Mariana não deu trabalho, e os dois se conheceram.

Capítulo 5

NA NOVA RESIDÊNCIA

— Chegamos! Graças a Deus! Seja bem-vinda, Lucíola!
Desceram do trem; ela, com a filhinha, e ele, com os meninos; os deixou parados na plataforma e voltou para pegar as duas malas.
— Meninos, segurem na saia da mamãe — pediu Alfredo. — Vamos por ali.
Saíram da estação, Lucíola observou o local, a estação ficava na periferia da cidade.
Alfredo chamou um carro de aluguel, táxi, acomodaram-se e foram para a fazenda. Ao passar por uma porteira, ele mostrou:
— Aqui começa a fazenda Santa Ana, a Santana; ali é a nossa casa, nosso lar.

Os meninos olhavam tudo, e Lucíola admirou-se, a casa era enorme, havia visto uma assim em gravuras. O carro parou à frente da casa, eles desceram, Alfredo pagou o taxista, colocou as malas na varanda e gritou:

— Marta! Marta! Chegamos!

Lucíola observou a casa, agora de perto, de fato era grande, em toda a frente havia uma varanda que subia por uma escada de quatro degraus. A casa toda era pintada de rosa-clarinho, havia na varanda vasos com plantas, uma mesinha e seis cadeiras. A porta de entrada era larga e de madeira.

— Venha, Lucíola! Entremos! — convidou Alfredo.

Lucíola, ao escutá-lo, saiu do torpor, porque estava maravilhada. Viu um vulto de mulher, não a via direito porque ela ficou atrás da porta. Escutou-a:

— Senhor Alfredo! Chegou sem avisar?

— E trouxe a família! — respondeu ele. — Venha, Marta, conhecê-los. Esses são os meninos! O maior é o José Luís! José Luís! Não queremos que o chame de Zé. Esse outro é o Edson, a nenê é Mariana, e essa mulher linda é Lucíola, minha esposa.

— Prazer! Prazer! — disse Marta.

E, com a cabeça abaixada e também um pouco o corpo, pegou uma mala e entrou.

Eles entraram na sala, que era grande. Lucíola olhava tudo e por momentos não sabia o que fazer.

— Lucíola, vou deixá-la aqui em casa; com certeza deve ter na cozinha alguma coisa para comer. Marta, por favor, leve as malas para meu quarto. Deixe os meninos andarem por aí, pela casa. Coloque Mariana na cama para que descanse. Tenho de ver algumas coisas pela fazenda, volto logo para um cafezinho. — Aproximou-se de Lucíola e falou baixinho: — Fique à vontade, organize nossas roupas, arrume as camas nos quartos. Tentarei voltar logo; tenho de fato de resolver uns problemas, e muito o que fazer.

Saiu. Ela ficou na sala e os meninos perto dela.

— Marta, por favor, me leve para o quarto — pediu Lucíola.

Seguiu a empregada pelo corredor, entraram num quarto. Lucíola colocou Mariana na cama, e a nenezinha se espreguiçou, ela estava querendo deitar. Os meninos até então nada falavam, mas não saíram de perto da mãe, estavam acanhados e não sabiam o que fazer.

— Bem, se é para nos acomodar, vamos nos acomodar! — decidiu Lucíola. — Marta, é aqui nesta parte da casa que estão os quartos?

— Sim, senhora.

— Chamo-me Lucíola, me chame assim, por favor. Irei olhar os quartos.

— Se... Temos um berço, mas não tem colchão — disse Marta. — Será que as crianças não querem comer?

— Comemos muitas coisas no trem. Não estamos com fome. Mas queremos água.

Marta dirigiu-se à cozinha, Lucíola e os meninos, atrás.

A recém-chegada não havia visto até então uma casa tão grande. A cozinha era enorme. Marta pegou água no pote, que estava fresca e gostosa. Tomaram.

— Marta, por favor, vamos organizar onde dormiremos. Vamos novamente aos quartos.

Voltaram.

— Se este é o do Alfredo, será o nosso — concluiu. — O das crianças, o mais perto.

Eram quatro quartos, todos grandes e arejados. No que escolheu para as crianças havia três camas.

— Marta, será este o das crianças. Um menino em cada cama, colocaremos o berço aqui; mesmo sem o colchão, posso por hoje forrá-lo com uma colcha ou algo assim.

Marta pegou o berço que estava no outro quarto. As duas arrumaram as camas.

— Não tem muitas roupas de cama — observou Lucíola —, teremos de comprar.

Com o berço arrumado, a mãe pegou Mariana, que estava dormindo, e a colocou no berço.

— Com ela aqui fico mais tranquila, não haverá perigo de ela virar e cair.

As duas foram para o quarto que Alfredo ocupava, onde havia uma cama de casal e outra de solteiro. Arrumou a cama de casal, pediu para Marta levar as roupas sujas e colocá-las de molho para serem lavadas. Quando a empregada saiu, Lucíola arrumou a cama de solteiro.

"Por enquanto ele dorme numa cama, e eu, na outra", decidiu.

Tirou as roupas das malas. Mariana estava gostando de ficar deitada e continuava dormindo. Ela chamou os meninos e foram à cozinha; de lá, viu Marta na lavanderia, situada do lado de fora da casa e ao lado da cozinha, ela estava no tanque lavando roupas. Nesse espaço havia dois tanques e varais.

Alfredo entrou na casa pela porta da cozinha.

— Vim para um cafezinho — disse ele sorrindo.

Marta entrou na casa.

— Passo rápido o café, a água está quente — disse ela.

Lucíola não sabia o que fazer, não tivera tempo de ver o que havia na casa, nos armários. Observou o que Marta fazia. Com o café pronto, Alfredo se sentou e o tomou.

— Estava, Marta, com saudades do seu café. Sente-se, Lucíola, tome também.

Lucíola sentou-se e saboreou o café. Os dois meninos não saíam de perto da mãe.

— Lucíola — disse Alfredo —, tenho muito o que fazer. Queria ficar aqui com vocês, mas não posso. Conheça a casa com os meninos.

Alfredo saiu, Marta voltou para as roupas, e Lucíola resolveu andar pela casa e conhecer tudo. Começou pela cozinha, abriu todos os armários para ver o que tinha neles.

"Tantas coisas! Que pratos lindos! As xícaras!"

Olhou da porta para a lavanderia. Na casa, havia água corrente, torneira nas pias e também nos tanques. Viu a área do fundo da casa, o quintal, havia árvores frutíferas e uma pequena horta.

"Assim que eu puder, irei aumentar essa horta e ver se consigo mudas de minhas ervas. Minha horta! Será que minhas plantinhas estão morrendo por falta d'água? Gostava muito delas."

Foi abrindo todas as portas, dos cômodos e dos armários. Olhava e após fechava novamente. A cozinha era de fato grande, havia uma mesa com doze cadeiras, armários e um fogão a lenha. Nesse cômodo havia três portas: uma que ia para a lavanderia e o quintal, outra para o corredor, e a outra que Lucíola abriu era uma despensa, um local de armazenamento; num lado, numa prateleira, estavam produtos de limpeza e, na outra, alimentos.

Com os meninos ao seu lado, voltou à sala, que era mobiliada com poltronas, cadeiras, bancos e uma mesinha central; de enfeites, havia vasos e uns bibelôs. Depois, preocupada com Mariana, voltou aos quartos e entrou no que ia ocupar. Ali, além das camas, havia um armário grande; abriu e viu roupas de Alfredo e cobertores.

"Aqui no inverno faz frio. Nunca senti frio. Deve ser interessante."

Abriu todas as gavetas, a maioria estava vazia e viu, na gaveta da mesinha de cabeceira, uma arma.

Como Mariana continuava dormindo, foi a todos os quartos. A maioria das gavetas, armários estavam vazios. Após, foi ao banheiro, este era grande, com vaso sanitário, pia, box e água corrente.

Voltou ao quarto, abriu as malas, colocou as roupas limpinhas nas gavetas, e seus objetos pessoais, como xampu, cremes, no banheiro.

— Devo ter conhecido a casa toda — concluiu ela.

Os meninos ficavam atrás da mãe, e eles também olhavam tudo.

— É nossa casa? — perguntou José Luís.

— Sim, filhinho, iremos morar aqui.

Ela percebeu que eles não estavam entendendo bem o que estava acontecendo.

"Eu também não!", pensou concluindo. "Porém está sendo muito bom, estou gostando, tomara que continue sendo assim."

Resolveu dar banho nos filhos; de fato, a água era quente e teve de abrir também a água fria para temperá-la, depois tomou banho. Viu Marta fechando a casa.

— Senhora, digo Lucíola, estou fazendo o jantar. Normalmente faço sopa. Gosta?

— Sim, muito, e as crianças também.

Foram jantar, a comida estava muito gostosa. Alfredo chegou, jantou e avisou:

— Ainda tenho que fazer algumas coisas. Vá dormir com as crianças a hora que quiser. Quando eu chegar, vou tentar não acordá-los, tomarei banho e irei dormir. Amanhã, você deve ir à cidade para comprar o que de mais urgente nos falta, como toalhas de banho, lençóis, mamadeiras... faça a lista. Você irá fácil à cidade e achará perto da igreja muitas lojas.

— Tudo bem, irei sim. Você encontrou problemas na fazenda?

— Não, porém há coisas que somente eu posso fazer.

Marta foi arrumar a cozinha e Lucíola não sabia se a ajudava ou não, resolveu conversar um pouco.

— Marta, onde você dorme?

— Ali! — mostrou ela.

Na lavanderia, havia uma porta que Lucíola não abrira, ela não saiu da casa.

— Ali tenho meu quarto e banheiro — falou ela.

— Vou para a sala, ficaremos lá um pouco e depois iremos dormir, o dia foi agitado.

— Leve a lamparina — aconselhou a empregada.

Ela pegou a lamparina e foi para a sala. Mariana acordou e ela ficou com a filhinha no colo.

"Amanhã", determinou, "irei fazer o que Alfredo sugeriu, ir à cidade comprar o que falta. Comprarei mamadeira para dar leite para Mariana, quero dar também leite para os meninos. Indagarei onde é o correio e escreverei para o tio Basílio, quero tranquilizá-lo".

Os meninos ficaram por ali, na sala, perto dela; vendo-os sonolentos, os levou para o quarto, acomodou-os nas suas camas, depois amamentou Mariana, a fez dormir e foi após para o seu quarto.

"Alfredo dormia na cama de casal, irei me deitar na de solteiro e tentar também dormir."

Ela deixou aceso no corredor o lampião, que iluminava tanto o quarto em que os filhos estavam quanto o dela.

Quando Alfredo chegou, acordou e fingiu que dormia, ele tentou não fazer barulho e o viu deitar.

No outro dia, cedo, acordaram todos juntos; Mariana chorando querendo mamar, os meninos, ela e Alfredo.

— Bom dia! — cumprimentaram-se.

Ela foi cuidar dos filhos, e ele foi para a cozinha, onde Marta já havia preparado o café.

Lucíola deu leite para os meninos e bolo. Enquanto Alfredo tomava café, falou:

— Lucíola, peça para Marta ajudar com a charrete. Vou lhe dar este dinheiro. Vá à cidade, Marta ficará com as crianças. Compre hoje o que de fato for mais urgente. Amanhã, com mais tempo, voltará para comprar o resto.

Foi o que Lucíola fez; junto a Marta, arrumou a charrete.

— Marta — pediu Lucíola —, cuide dos meninos, irei deixá-los na cozinha brincando com os brinquedos deles. Mariana está dormindo; se ela chorar, pegue-a e a acalente. Vou tentar ser rápida; quando eu chegar, irei ajudá-la na cozinha a preparar o almoço.

Conferiu o dinheiro que Alfredo lhe dera e foi à cidade. Logo encontrou a igreja e viu muitas lojas, parou a charrete e foi às lojas. Pessoas a olhavam, Lucíola as cumprimentava sorrindo. Entrou primeiro numa farmácia, onde comprou mamadeiras e escovas de dentes para ela e para os meninos. Foi a uma loja de móveis e comprou colchão para o berço e travesseiros, queria trocar os de todos. Em seguida, comprou lençóis e toalhas.

— A senhora é nova aqui? — perguntou uma vendedora curiosa.

— Sim. Vim morar com meu marido na fazenda Santana.

— Ah!

Respondeu isso por três vezes. Viu o correio e, rápida, foi lá; perto havia uma papelaria, ela comprou bloco e envelopes, escreveu um bilhete para o tio somente para avisá-lo de que tudo dera certo e que estava gostando, bem e feliz; também deu seu endereço e prometeu escrever mais na carta seguinte. Colocou-a na caixa de carta para ser enviada e decidiu voltar à fazenda.

— O resto, comprarei amanhã — decidiu.

Retornou para a fazenda. Assim que chegou, pediu para um empregado tirar o cavalo da charrete e entrou em casa; Marta estava com Mariana no colo, que chorava pois estava com fome. Lucíola sabia que seu leite não estava sendo suficiente para alimentá-la e, como ela não estava mais tomando o chá para aumentar o leite, estava tendo pouco. Lavou a mamadeira e preparou o leite para a filhinha, que mamou se deliciando. Após arrotar, a colocou no berço que estava na cozinha, o colocara ali para que a nenezinha ficasse perto de Marta. A primeira coisa que fez foi colocar o colchão no berço.

— Irei agora lavar esses lençóis e toalhas — decidiu Lucíola —, para já dormir com eles esta noite. Após, trocarei todos os travesseiros.

Foi o que fez, os dois meninos iam aonde ela ia; ficaram perto da mãe, eles ainda não estavam acostumados com a casa. Depois Lucíola foi ajudar Marta com o almoço.

Mariana, agora mais alimentada, ficava acordada quietinha e estava dormindo mais. Quando Alfredo chegou para almoçar, ela contou para ele o que fizera e que voltaria à cidade no outro dia para comprar o restante.

— Alfredo, posso reformular a horta? Sempre gostei de cultivar verduras e ervas.

— Claro, se você, na cidade, seguir a rua da praça, encontrará uma loja de produtos agrícolas. Compre o que quiser e marque na minha conta.

Após o almoço, Lucíola com os filhos foram à horta; os meninos, acostumados a brincar ao ar livre, gostaram. Ela viu tudo o que tinha e planejou plantar o que queria.

Entrou na casa e foi à sala, à varanda.

— Aqui — planejou ela — colocarei mais vasos com plantas e farei à frente um jardim.

Na sala mudou uns móveis de lugar e também os enfeites. Gostou do resultado. Deu banho nos filhos e foi para a cozinha ajudar Marta com o jantar.

— Lucíola, você disse que amanhã voltará à cidade. Você não compraria umas coisas para mim? — pediu Marta.

— Você irá comigo! Vamos deixar algo pronto para o almoço de amanhã. Iremos cedo, que não está tão quente, e voltaremos a tempo de fazer o almoço. Levarei as crianças.

— Eu ir à cidade?! — admirou-se Marta.

— Por que não?

— É que não vou à cidade.

— Por quê? — Lucíola quis saber.

— É que...

— Mamãe, o que Marta tem no rosto? — perguntou José Luís.

Lucíola pegou o filho, ficaram em frente a Marta, que se afastou e encostou no fogão.

— José Luís — Lucíola falou com carinho —, Marta fez um dodói, machucou, o ferimento sarou e ficou a marca, a cicatriz. O que você faz quando alguém se machuca?

Lucíola aproximou-se mais de Marta; por ela estar encostada no fogão, não teve como se afastar. Com delicadeza, Lucíola tirou os cabelos dela do rosto e os colocou atrás da orelha. José Luís olhou para Marta, agora de bem perto, e respondeu à mãe:

— Para não doer, eu sopro e passo a mão.

O garoto, num gesto espontâneo, passou a mãozinha no rosto de Marta, soprou e depois a beijou. Marta se emocionou, encheu os olhos de lágrimas. Lucíola colocou o filho no chão e abraçou a empregada.

— Marta, não sinta vergonha da cicatriz que tem. Devemos nos envergonhar quando fazemos algo errado.

"Será que eu fiz?", pensou Lucíola. "Não sei. Porém sinto-me aliviada e não envergonhada."

— Amanhã — determinou Lucíola — iremos à cidade, e será você quem comprará suas coisas, e nada de colocar os cabelos no rosto. Combinado?

— Sim, irei com você — decidiu Marta.

— Você tem dinheiro?

— O senhor Alfredo me paga salário. Tenho, sim — afirmou a empregada.

Jantaram e, após, Alfredo e Lucíola foram para a varanda com as crianças. Os dois se sentaram no banco maior. Ele pegou na mão dela.

— Está tudo bem? Desculpe-me por não lhe dar mais atenção. Como fiquei fora, estou tendo muito o que fazer.

— Está tudo bem. Estou gostando demais daqui.

Ele a beijou.

— Vamos namorar? Você quer namorar comigo? — perguntou ele.

— Quero!

Ficaram conversando e Alfredo depois recomendou:

— Você deve ir a lojas de roupas e comprar agasalhos para você e para as crianças. Por enquanto agasalhos leves, depois outros. Logo começa a esfriar.

Lucíola estava gostando de fato de estar ali e os meninos também; até Mariana, mais alimentada, estava tranquila.

No outro dia, logo após o café da manhã, Lucíola com as crianças e Marta foram à cidade.

— Marta — observou Lucíola —, fez bem em colocar os cabelos para trás, você tem cabelos bonitos; eles estão secos e malcuidados, porém um bom xampu e creme resolverão. Talvez pessoas a olharão, será por curiosidade, mas isso passa, na segunda vez que a virem não a olharão mais. Se você se sentir observada, olhe para a pessoa e sorria.

— Farei isso, mas estou nervosa.

Lucíola havia feito uma lista do que precisava. Primeiro foram comprar um carrinho e saíram da loja com Mariana nele. Depois a loja de roupas, a perfumaria, e Lucíola ajudou Marta a escolher o que seria bom para os cabelos dela. Fizeram quase todas as compras desejadas.

— É hora de voltarmos — decidiu Lucíola —, deixaremos para outro dia as sementes que quero comprar.

Onde foram, as pessoas as olharam curiosas, queriam ver a esposa de Alfredo, os filhos dele e Marta, que, quando se sentia olhada, fazia o recomendado, os encarava e sorria.

Na volta, Lucíola perguntou a Marta:

— Não foi tão difícil, foi?

— Não. De fato foi mais fácil do que pensava.

— Marta, o preconceito existe porque a pessoa se sente alvo. Se você se aceita, as pessoas também o fazem.

— Foi somente na loja de sapato que uma vendedora me perguntou se minha cicatriz era de queimado.

— E fui eu que respondi — lembrou Lucíola. — Disse que sim e em seguida pedi para me mostrar o sapato que apontara.

— A moça ficou sem graça e foi rápida pegar. — Marta fez uma pausa e, após, perguntou: — Você sabe por que me queimei?

— Alfredo me contou que foi com água fervente. Para mim isto já basta. Não preciso saber de mais nada. Não quero fazê-la recordar. Recordações que não são agradáveis devem sair do coração, do nosso sentimento, e ficar, porque não são possíveis de se esquecer, somente na nossa mente.

Lucíola, ao falar isso, lembrou da casinha do lago e de como foi difícil sua vida lá.

"De fato, são lembranças que não se apagam, mas não devem ficar na área dos sentimentos, pois, se o fizermos, corremos o risco de sentir autopiedade, mágoas, deixá-las nos machucar. Então lembranças assim devem sair dos sentimentos, do coração, e ficar na memória, porque não podem ser apagadas, porque foram vividas."

— Posso contar o que me aconteceu? — perguntou Marta.

— Sim, claro, se você quiser.

— Morávamos — contou Marta — numa casa na cidade, que era alta, que tinha porão e escada para entrar. Éramos meu pai, minha mãe e quatro filhos. Eu sou a terceira, e a quarta era também uma menina. Quando ocorreu o acidente, eu estava com seis anos e minha irmã estava para completar três anos.

Nós duas brincávamos no quintal embaixo da janela da cozinha. Meu pai usou água fervente após despenar um frango e, sem olhar, penso que era algo que ele costumava fazer, jogou água pela janela. Fomos atingidas: eu mais, a água caiu direto no meu rosto e braço; na minha irmã, mais nas costas. Gritamos desesperadas. Fomos acudidas. Queimamo-nos. Minhas queimaduras infeccionaram, foi o que piorou as cicatrizes. Minha irmã as tem menos. Não me lembro da dor direito, parece que esqueci. Mamãe contava que eu desmaiei e chorava muito de dor, isto foi por semanas. Meus pais fizeram de tudo o que puderam por nós duas. Saramos, e as cicatrizes ficaram. Senti esta minha diferença quando fui para a escola, as crianças riam de mim, e eu chorava, não queria ir. Frequentei a escola por dois anos. Aprendi a ler e escrever, mas foram mamãe e meus irmãos que me ensinaram um pouco mais. Estava com treze anos quando meu pai faleceu e mamãe teve muitas dificuldades financeiras para nos criar. Fomos despejados da casa em que morávamos e ela arrumou emprego de empregada doméstica aqui, nesta fazenda, e pôde nos trazer. Ficamos todos no quartinho que hoje ocupo. Meus irmãos arrumaram empregos; mamãe, um namorado; minha irmã foi morar com a madrinha dela; e eu fiquei aqui como empregada.

— Você tem contato com sua família? — Lucíola quis saber.

— Tenho. Meu irmão mais velho casou e mora numa fazenda vizinha, nos vemos de vez em quando. O meu outro irmão foi morar numa cidade grande, ele me escreve umas duas vezes por ano. Minha irmã casou e mora na cidade a que fomos, também nos vemos, mas raramente. Mamãe teve outro companheiro e mais dois filhos, ela mora na cidade. Sei deles e eles sabem de mim.

"Talvez", pensou Lucíola, "Marta seja como eu, tem irmãos, mas a vida os separou. Coitada da Marta, vou tentar ajudá-la no que me for possível".

— O importante — disse Lucíola — é que você pode contar conosco, comigo, e com toda a certeza poderemos contar com você. Seremos amigas!

Marta se emocionou e Lucíola também.

"Todos têm sua história, todos nós temos momentos difíceis e alegres para recordar", concluiu Lucíola.

— Marta — Lucíola mudou de assunto —, o banheiro que você usa tem chuveiro e água quente?

— Não. Tomo banho de bacia, esquento a água.

— De hoje em diante você tomará banho no nosso banheiro, e de chuveiro.

— É que...

— Está decidido — determinou Lucíola.

Foi somente depois de dois dias que conseguiram voltar à cidade e acabar de fazer as compras.

Os novos moradores se adaptaram à casa, à fazenda; Lucíola ajudava Marta no trabalho doméstico e as duas organizaram melhor a casa; fizeram um jardim à frente da casa, onde plantaram plantas que floriam; semearam as sementes de hortaliças e ervas na horta; e plantaram árvores frutíferas no pomar. Os meninos brincavam no quintal e Lucíola colocava Mariana no carrinho e a levava para onde ia.

— Marta — observou Alfredo —, você está parecendo outra pessoa, está bem, alegre.

Dois dias depois, voltaram à cidade e acabaram de fazer as compras.

Os dois, Alfredo e Lucíola, namoraram por uns dias e depois passaram a viver como marido e mulher. Lucíola estava feliz, para ela estava vivendo num paraíso. Tudo estava certo.

— Lucíola, você precisa de algo? Quer alguma coisa? — perguntou Alfredo.

— Ir ao dentista — respondeu ela. — Gostaria de tratar meus dentes. Enquanto estive com meu tio, ia ao dentista, depois não fui mais.

— Eu também preciso ir ao dentista. Iremos juntos.

Dois dias depois, o dentista os recebeu e fizeram o tratamento dentário.

Lucíola conversava com as pessoas quando estava na cidade, na fazenda com os empregados e com as mulheres deles. Passaram a ir à missa aos domingos e os patrões fizeram Marta ir também. Às vezes um deles tinha de sair com as crianças por não quererem ficar por muito tempo na igreja.

Foi após uma missa que duas mulheres se aproximaram deles, se apresentaram e fizeram um convite:

— Lucíola, todas as quintas-feiras, das quatorze às dezessete horas, um grupo de senhoras se reúne para conversar, tomar lanche, trocar livros e revistas. Estamos convidando você.

Lucíola olhou para Alfredo, que sorriu e fez um sinal para ela aceitar.

— Obrigada. Virei, sim — afirmou Lucíola.

E, na quinta-feira, Lucíola foi à cidade, ao encontro, de charrete, deixou os filhos com Marta.

O encontro foi agradável; as senhoras, vinte no total, se encontraram no clube da cidade, numa sala reservada. A cada encontro, duas traziam o lanche. Conversavam, Lucíola falou de si e completou que ela e Alfredo ficaram separados porque ela não queria acompanhá-lo, que reataram e ela estava gostando muito dali. As senhoras trocavam livros e revistas, Lucíola achou o encontro muito agradável, pegou um livro para ler. Uma coisa que sempre gostou foi de ler, depois que se mudou para a casinha do lago não lera mais.

Quando voltou para casa, Alfredo quis saber se gostara.

— Muito. Irei todas as quintas-feiras.

Leu o livro que trouxera em cinco dias. Com o dinheiro que o tio Basílio lhe dera, comprou livros, porque queria participar da troca, e também mais algumas coisas para ela. O país, naquela época, estava tendo inflação e não era bom guardar dinheiro.

Assim, contente, na outra quinta-feira levou os livros que comprara mesmo sem lê-los, os leria depois. Nessas reuniões conheceu pessoas, fez amizades.

Tudo estava dando certo para ela, que, agradecida, orava a Deus pelo que estava recebendo, por todos estarem bem.

Capítulo 6

~ CARTAS ~

Quando Lucíola escreveu a primeira carta para seu tio Basílio, agora primo, foi mais um bilhete para tranquilizá-lo. Escreveu que fizera uma boa viagem, que tudo dera certo, que fora para um lugar bonito, a casa era enorme, que ela e as crianças estavam gostando muito. Contou que seu esposo se chamava Alfredo, e os filhos, José Luís, Edson e Mariana; que seu esposo era educado e amável. Deu o endereço para Basílio lhe responder. No correio, soube que as fazendas, sítios e chácaras que rodeavam a cidade, seus moradores, tinham uma caixa postal; foi esta que Lucíola anotou para o tio, onde recebia as correspondências; se alguém perto da casa de quem recebesse a carta fosse ao correio e se o destinatário morasse no seu caminho, a entregava. Pelos cálculos, por ser em outro estado, Basílio demoraria de quatro a seis dias para receber sua missiva, por isso, em casa, no outro dia, ela escreveu outra carta detalhando mais sua aventura e descreveu o lugar, a casa e grifou: tenho uma empregada, ela se chama Marta, e é uma pessoa muito boa. Escreveu que ela e as crianças estavam gostando e adaptados; que estava refazendo a horta, o pomar e o jardim; que conversava bastante. Enfim, estava feliz.

Depois de treze dias recebeu uma carta de Basílio, que começava: "querida Lucíola". Deu notícias dele, estava bem, e disse que a carta dela o tranquilizou, estava contente por ela, que era merecido.

Lucíola respondeu e o indagou: "Primo Basílio, você sabe o que aconteceu com a prima Margarida? Não escutei nenhum comentário".

Aguardou ansiosa a resposta.

Lucíola resolveu verificar o que tinha realmente na casa, limpar todos os armários, gavetas, lavar os cobertores, havia cinco; concluiu que teria de comprar mais.

Nos armários da cozinha, encontrou louças muito bonitas. Os pratos e talheres que usavam no dia a dia eram mais simples.

— Dona Eulália — contou Marta — usava essas louças quando havia visitas, mas estas eram raras.

Eulália era a antiga proprietária.

Lucíola separou umas louças e as colocou como enfeites na sala, gostou do resultado.

Não encontrou nada de diferente nos armários, a não ser um do quarto do meio. Ao limpar a parte de cima, para isto ela subiu numa cadeira, percebeu, ao passar o pano para tirar o pó, o fundo solto; com força, puxou a tábua de madeira, que saiu, e apareceu um buraco, um vão.

— Um esconderijo! Um lugar para guardar algo! — exclamou Lucíola.

Olhou dentro e viu um envelope e um embrulho. Curiosa, pegou os dois, desceu da cadeira e se sentou; abriu o embrulho e se assustou, nele havia uma corrente de prata com um pingente e um anel.

— De quem será isso? Por que será que ficou aqui escondido? — indagou a si mesma.

Abriu o envelope, nele havia uma carta e um bilhete. Leu o bilhete:

"Amor, queria vê-la com este meu presente. Ficará mais linda ainda. Amo-a!"

"Não parece", pensou Lucíola, "ser cartão de marido. Seria de um amante?"

Abriu a carta, esta não falava nomes, nem para quem era nem quem escreveu, referia-se como "amor", tanto para o destinatário como para o remetente.

Lucíola leu, era uma carta de amor, a pessoa reclamava de não poder encontrar a outra sempre, que contava os minutos para poder revê-la, que a amava e era uma tortura saber que estava com outro. "Por que não fica comigo?", quem escreveu indagava. Terminava marcando encontro na quinta-feira à tarde e no lugar de sempre.

Lucíola colocou tudo de volta no lugar e continuou limpando, mas somente o fez naquele armário. Foi ter com Marta na cozinha. Indagou à empregada:

— Quando os antigos proprietários venderam a fazenda, eles deixaram muitas coisas, não foi? Os móveis, enfeites, até cobertores. Sabe por quê?

— Venderam com tudo. Penso que dona Eulália não quis levar nada daqui. Ela tinha casa montada na cidade em que moravam. O trato era que quem comprasse a fazenda estaria comprando com tudo o que tinha nela.

— Eles tinham dois filhos e nenhuma filha, não era?

— Sim, eles têm dois filhos homens, são adultos, eles gostavam de vir aqui quando crianças, cresceram e não quiseram vir mais, não gostavam da fazenda.

"A joia, o presente, era para uma mulher, só pode ser para Eulália. Não havia mais mulher na casa, a não ser Marta. Será?"

— Você gostava deles? Dos antigos patrões? — perguntou Lucíola.

— Sim, eles me tratavam bem, mas não como vocês. Pagavam-me direitinho. O senhor queria que eu fosse embora com eles, eu não quis ir. Estou acostumada aqui, e lugares diferentes me assustam.

— O senhor quis que você fosse. E a senhora, não? — Lucíola, curiosa, quis saber.

— Dona Eulália não falou nada a respeito disso. Penso que era por causa das mentiras que ela pedia para que eu confirmasse com o marido.

— Mentiras?

Lucíola estava cada vez mais interessada no assunto.

— Coisas sem importância — esclareceu Marta —, como dizer para o marido que ela ficara em casa a tarde toda, que não saíra, mas dona Eulália saía, dizia que ia dar uma volta a cavalo, e de fato ia cavalgar.

— Ela saía às quintas-feiras?

— Como você sabe? — Marta admirou-se.

— Talvez ela fosse às reuniões de senhoras, como eu vou.

— Não ia, dona Eulália não gostava das pessoas daqui e achava as senhoras beatas.

— Ela é bonita? A dona Eulália? — Lucíola quis saber.

Vera Lúcia Marinzeck de Carvalho do espírito Antônio Carlos

— Era, é, sim, não tanto quanto você, mas é bonita, estava sempre arrumada. Ela deve ter uns quarenta e cinco anos, o marido é bem mais velho que ela, talvez por isto sinta ciúmes.

— Dona Eulália tinha joias?

— Sim, ela gostava e as usava — respondeu Marta.

Lucíola não falou para Marta o que encontrara no armário. Pensou, querendo concluir, quem era a dona das joias.

"Será que as joias são de Marta? Não devem ser. Ela é solteira, não teria por que esconder. Mas e o amante? Seria um homem casado?"

— Marta, quando dona Eulália saía às quintas-feiras, você também saía?

— Claro que não! Não costumo sair nem andar a cavalo. Tenho medo.

— Você falou de Eulália e não do seu patrão. Como ele é? Gosta dele? — Lucíola continuou a indagá-la.

— Nem gosto nem desgosto. Ele não gostava de ver minhas cicatrizes, não me olhava, conversava comigo de longe e sem me encarar. Dona Eulália disse para eu não me importar, que ele fazia isso porque se arrepiava ao me ver.

Mudaram de assunto; à noite, Lucíola indagou a Alfredo:

— Será que Marta já teve namorado ou alguém?

— Penso que não. Comigo aqui, a vi sair duas vezes, uma com o irmão e outra para ir à casa da irmã. Os comentários dos homens daqui é que ela nunca deu confiança para ninguém.

"Será que ela gostava do seu antigo patrão?", pensou Lucíola.

— Marta terá amado alguém?

— Como vou saber? Penso que não — respondeu Alfredo.

"Não deve ser Marta quem recebeu aquele presente. Ela é bonita, pelo menos é o que penso. Se ela tivesse ganhado joias de presente, esconderia no seu quarto. É a Eulália quem traía o marido."

Contou depois a Alfredo do esconderijo, o que encontrara nele e completou:

— Talvez na mudança ela não tenha conseguido pegar essas joias e a carta, as deixou pensando que ninguém as encontraria.

— Um esconderijo! Muito bom! — exclamou Alfredo. — Irei guardar minha arma lá. Todos pela região da zona rural têm armas para uma eventualidade, como para matar um bicho, cobra... por aqui comentam que não há perigo, não há roubos. Não temos em casa nenhuma gaveta que possa ser trancada, agora temo que um dos meninos pegue a arma.

Lucíola pegou a lamparina, e os dois foram ao quarto do meio; ela abriu o armário, subiu na cadeira, pegou o envelope e o embrulho e mostrou para ele, mas Alfredo interessou-se por ver o esconderijo.

— Aqui é o lugar excelente para deixar a arma! — exclamou ele.

Alfredo foi rápido ao seu quarto, pegou a arma e a colocou no esconderijo.

— Pronto, somente você e eu saberemos que a arma está aqui — decidiu Alfredo.

Lucíola abriu o embrulho e mostrou as joias para ele, que decidiu:

— Lucíola, não vou ler a carta nem o bilhete: se a antiga senhora da casa deixou isso nesse esconderijo, era para ficar escondido. Não dá para nos comunicarmos com eles, eu não conheço a esposa dele, a Eulália. Como dizer a ela que encontramos isso num esconderijo? Será muito comprometedor e desencadeará tragédias, o marido é o traído. Rasgue e queime a carta, o bilhete, o envelope e fique com as joias, elas serão suas. Lave-as bem, deixe secar ao sol e as use.

— E se alguém as vir comigo e lembrar que eram de Eulália?

— Ela não deve ter usado, as exibido; se fizesse isso, como explicaria ao marido? Não ia falar que ganhara de um amante. Depois, comentam que ela não costumava ir à cidade, que não tinha amizades por aqui, não ia às missas nem festas, não recebia visitas. Estou lembrando agora que um empregado me contou que a dona Eulália saía a cavalo e ia para o lado da mata, demorava de duas a três horas para voltar. Talvez, quando ela estava aqui na fazenda, o amante viesse encontrá-la em dia e hora marcados. O fato, Lucíola, é que eu comprei a fazenda de porteira fechada, ou seja, com tudo o que tem nela, até na casa, sendo assim, é meu, nosso, e estas joias estão inclusas.

Alfredo voltou para o seu quarto, Lucíola foi à cozinha e, no fogão, queimou a carta, o bilhete e o envelope. No outro dia, lavou bem as joias. Ela não tinha orelha furada para colocar os brincos. Foi à cidade, na farmácia, e furou as dela e as de Mariana; comprou dois pares de brincos, um para ela e outro para a filhinha.

Resolveu usar as joias, mas separadas: um dia a corrente, em outro o anel, depois os brincos... e, quando o fez, não houve comentários, Marta não os reconheceu. Lucíola teve a certeza de que Eulália não as usava.

Recebeu um envelope grande, fora um vizinho que trouxera.

— Dona Lucíola! — gritou o vizinho. — Fui ao correio e trouxe um envelope para a senhora.

Lucíola correu para pegá-lo, agradeceu e sentou na varanda para ler. Abriu o envelope, seu coração disparou, era de Basílio.

Ele começava a carta dando notícias dele, que estava bem, depois escreveu que uma de suas amigas, que estudaram juntas, falecera no parto. Lucíola fez uma pausa na leitura para absorver a notícia. Comoveu-se com a morte dessa colega; como ela tinha vinte anos, era seu primeiro filho; a criança também morrera.

"Que tristeza morrer num parto! Eu devo ter corrido esse risco. Ela morava na cidade, e lá ainda aconteceu isso!"

Voltou à leitura:

"Lucíola, você perguntou da prima Margarida. O que ocorreu com ela foi uma tragédia; se eu não soubesse, diria que foi horrível. Margarida, pelos muitos falatórios, estava muito infeliz; o marido violento batia nela, e ela ficava isolada na casa dela, quase não via ninguém. Num domingo pela manhã, o marido acordou e não a viu, a procurou e viu a canoa no lago da represa. Com a canoa da vizinha, ele e os filhos dessa senhora foram até a outra canoa, e ela estava vazia. Todos pela região procuraram por ela e pelos filhos. Nada foi encontrado. Dois moços da vila, que sabiam mergulhar, foram ajudar e nada acharam. Deram por desaparecidos, concluíram que Margarida se suicidara, mas antes matara os filhos. Afogaram-se. Falaram até que ela amarrou um no outro e a uma pedra, jogou as crianças na água e depois se jogou. Ela não sabia nadar.

"Foi triste, todos se comoveram e falaram muito sobre esse assunto. Até a polícia os procurou, foram de lancha a outras margens, ninguém vira nada e nenhum corpo foi encontrado. A polícia os deu por mortos. Onde a canoa foi encontrada existe um fosso profundo a que nenhum mergulhador consegue ir sem o equipamento correto.

"Seis dias depois, no sábado, recebi a visita de um filho de Nininha, a vizinha de Margarida. O moço veio me visitar, me disse que teve de vir à cidade em que moro para comprar uns materiais e que a mãe dele pediu para ele me visitar e me contar o que acontecera. O moço contou:

"— Mamãe Nininha está muito triste com o desfecho da história. Ela sabia que Cidão era violento, tratava mal Margarida, e ela não fez nada; sente remorso, pensa que deveria ter interferido, feito alguma coisa para ajudá-la. Não quis se intrometer e aconteceu a tragédia. Pela manhã, no domingo, vimos lá de casa a canoa de Cidão no meio do lago, pensamos que talvez, por não ter sido bem amarrada, se soltara. Quando ouvimos Cidão gritar colérico por Margarida e perguntar a nós se ela estava conosco, respondemos que não e falamos da canoa. Eu, com a nossa canoa, fui até ele e fomos até ela, a encontramos vazia. Cidão se desesperou ao ver a canoa vazia, chamamos todos os vizinhos e começamos a procurar: a polícia veio, pessoas da vila, dois rapazes acostumados a mergulhar... procuramos o dia todo, nada foi encontrado. Deduzimos que Margarida matara os filhos e se suicidara. Nunca pensei que Cidão fosse sentir tanto, ele até chorou, mas minha mãe o xingou: 'Chora de remorso! Batia nela, a tratava mal, foi por isso que a coitadinha se matou. Você é o culpado!'. Ele respondeu: 'Não deixava faltar nada para ela. Eu gostava dela'. Minha mãe retrucou: 'Era pelo amor que a maltratava? Carrasco!'.

"O moço ainda falou que todos se admiraram de ver o sofrimento de Cidão. A tragédia comoveu a todos, mandaram celebrar missas para eles, pessoas vieram me visitar, me dar os pêsames.

"O plano de Margarida por aqui deu certo. Umas pessoas acusaram Cidão e outras sentiram pena dele. Espero não vê-lo mais. Penso que Margarida não me contou tudo o que sofrera com este homem."

Finalizou mandando abraços a todos.

Lucíola levantou, tomou água, sentou-se novamente e releu a carta. Depois foi ao fogão, a colocou no fogo e verificou se queimara tudo.

"Cidão sofreu? Deve ter sido pelos filhos. Ele me fez sofrer, passou; ele sofre, mas passará. A história de Margarida é triste, mas terminou. Sinto por dona Nininha, ela sentiu remorso, mas passará. Talvez por esse fato ela passará a ajudar outras mulheres."

Não conseguiu sentir pena de Cidão, mas também não queria que ele sofresse.

"Se me comparo agora com a vida que tinha, diria que estava no inferno e vim para o céu. Cidão foi mau comigo. Mas todo o sofrimento passa, e o dele passará. Será que ele entendeu que agira errado comigo? Talvez não. O plano de Lambari e Margarida deu certo, e isto é bom. É o que realmente importa. As pessoas se comoveram, porém não fizeram nada antes, quando sabiam e me viam sofrer. Dona Nininha sentiu remorso, não queria isso, gosto dela, mas não tinha como fazer diferente; além do tio Basílio, ninguém deveria saber. Como dona Nininha, muitas pessoas, depois de uma tragédia, sentem por não ter interferido, ajudado, porém todos têm motivos; Cidão era temido pela região e dona Nininha com certeza sentia, como todos, medo dele. Não quero mais pensar em Margarida, ela de fato faleceu."

À noite, Lucíola contou da carta para Alfredo, os comentários que houvera e finalizou:

— Lá tudo deu certo!

— Aqui também! Lá acabou e aqui começou. Não devemos mais falar deste assunto.

Lucíola respondeu ao primo e não tocou no assunto.

Sempre os dois trocavam correspondência. Em outra carta, Basílio pediu para Lucíola mandar cópias de seus documentos, ele queria mudar seu testamento. Ela o fez. Em outra, Basílio escreveu que o ex-companheiro de Margarida casara-se. Fazia um ano e oito meses que ocorrera a tragédia. Uniu-se a uma moça da vila, não era bonita e já passara da idade de casar.

"Ela deve ter entre vinte e dois e vinte e cinco anos", deduziu Lucíola.

Basílio continuou: "Cidão vendeu aquelas terras da represa porque a moça não quis morar lá, comprou uma venda, ou seja, um mercadinho, na vila e foi morar lá. Ele casou mesmo, no civil e na igreja. O pai da moça e os irmãos dela o avisaram: ai dele se bater nela, os três iriam lhe dar uma grande surra. Comenta-se que Cidão ainda ama a falecida, muitas pessoas o viram chorando por ela".

Sentiu-se, com essa notícia, mais tranquila; às vezes ainda sentia medo de ser encontrada e do que Cidão poderia fazer com ela e com Alfredo.

"Ele, casado, terá outra família, outros filhos, e o passado será enterrado. Tomara que ele seja um bom marido. Deverá ser: ou porque aprendeu a lição ou terá medo da família dela. Como é importante ter família!"

Pela primeira vez, orou por Cidão, desejando que ele fosse feliz, porque ela estava sendo. Não queria sentir mais mágoa e realmente não mais a sentia.

Como sempre, nas cartas, Basílio dava notícias de pessoas conhecidas e, quando sabia, da família dela; escrevia sobre ele e sempre queria saber dela.

Normalmente Lucíola, após ler e reler, queimava as cartas. Ela também escrevia para Basílio contando o que fazia, como era sua vida e se alegrava por saber dele.

Foi por uma das cartas dele que soube que sua mãe, após meses doente e sofrendo muito, falecera.

"Tio Basílio é o único elo com meu passado, mas este não posso, não devo romper."

Gostava muito de escrever para Basílio e receber suas cartas; numa o convidou para morar com eles. Basílio respondeu que não, que o tio Basílio morrera como Margarida; o primo Basílio de Lucíola não queria morar com ninguém nem sair da casa que morava havia tantos anos e queria morrer lá. "Depois, prima", escreveu, "não dá certo pessoas da família morarem juntas, porque costumes são diferentes e pessoas idosas têm muitas manias, um pode incomodar o outro". Estava bem do jeito que estava, e ela não devia se preocupar.

Aquelas cartas eram de fato o único elo com sua família e com o seu passado. Porque nosso passado, por mais que tentemos anulá-lo, não conseguimos; esquecê-lo é impossível, mas ele pode não machucar mais. Lucíola sentia-se em paz com seu passado, porque o presente era bom demais.

Capítulo 7

UM ACONTECIMENTO INESPERADO

Fazia cinco anos, quase seis, que Lucíola estava vivendo na fazenda; muitas coisas haviam mudado, mas sua vida era uma rotina, que para ela era muito agradável. A casa fora pintada, móveis novos, enfeites, o jardim muito bonito, florido, o pomar com muitas árvores frutíferas, e a horta sortida, muitas ervas, legumes e verduras.

Marta e Lucíola tornaram-se grandes amigas. O casal ia com os filhos a festas na cidade, à missa, e ela ia todas as quintas-feiras na reunião de senhoras. Lucíola era econômica, realmente não gastava muito, e Alfredo não negava nada a ela nem aos filhos. Ele era muito trabalhador, sabia fazer tudo na fazenda, era como um peão, e tinha lucro.

Era verdade o que Alfredo dissera sobre ser infértil, Lucíola não ficou mais grávida; isto era bom para ela, que pensava que três filhos estava bom.

As crianças iam para a escola. Com seis anos, iam para uma preparação para o primeiro ano, chamada na época, de pré-primário, "prezinho". Os três gostavam e eram estudiosos. Dois fazendeiros vizinhos tinham crianças, e também muitos empregados as tinham, em idade escolar. Os três fazendeiros, Alfredo era um deles, faziam rodízio para levar as crianças à escola da cidade. Deu certo, fizeram uma escala; como eram cinco dias de aula na semana e três pessoas, escalaram: duas vezes para duas pessoas; a outra, uma; e revezavam.

No segundo ano em que estavam ali, Alfredo comprou uma camionete, e Lucíola e ele aprenderam a dirigir. Era Lucíola quem levava as crianças, e de camionete. Até a quarta série, os alunos estudavam no período da tarde; da quinta série em diante, no período da manhã. Infelizmente, muitos estudavam só até a quarta série, e os que continuavam eram poucos pelas fazendas, então os pais pagavam uma perua para levá-los e trazê-los.

Lucíola sempre dava um jeito de ser escalada na quinta-feira; saía de casa às onze horas, seguia a estrada no rumo contrário à cidade, pegava as crianças em dois pontos, retornava, seguia para a cidade e as deixava no portão da escola. A camionete tinha um toldo que ela colocava para que as crianças ficassem protegidas de sol, chuva e poeira. Para a meninada, era uma aventura, eles gostavam muito. Um dos fazendeiros levava as crianças com uma perua, e o outro, de caminhão.

Na quinta-feira Lucíola os deixava na escola, às vezes fazia compras e esperava o horário para ir ao encontro das senhoras, e saía um pouquinho mais cedo para esperá-los no portão da escola, às cinco horas.

E, quando não era escalada para levá-los à escola, Lucíola seguia a rotina da casa. Nas férias, com as crianças em casa, recebia os amiguinhos delas, que passavam o dia brincando, e também levava os filhos em casas de amigos. A meninada se divertia. Com os filhos na escola, Lucíola estava sempre fazendo alguma coisa. Naquele dia comentou com Marta:

— Penso que vi na beira da estrada um pé de alecrim, que há tempos procuro. Vou de bicicleta lá e, se for a planta que quero, trago uma muda.

Foi o que Lucíola fez; pela tarde estar quente, o sol forte, ela colocou uma blusa de manga longa e um chapéu que costumava usar quando trabalhava no jardim e na horta. Pedalando, foi pela estrada rumo à cidade, parou onde pensou ter visto o alecrim, desceu da bicicleta, entrou no campo. Margeando a estrada tinha algumas árvores, plantas rasteiras e capim; atenta, foi procurando a planta que queria. Deu uns trinta passos e resolveu deixar a bicicleta no chão para melhor procurar a planta.

"Acho que está por aqui", pensou.

Abaixou para olhar outra planta e escutou um trote de cavalo na estrada, instintivamente olhou sem se levantar e viu que era Alfredo.

"Por que será que Alfredo está indo à cidade? Por que não está de camionete?", pensou estranhando.

Não se levantou e ficou olhando. Perto da cidade e de onde estava, havia um casarão, onde morava um grupo de mulheres prostitutas. A uns cem metros da estrada, havia outro, que era mais um caminho que ia até essa casa. Assustou-se tremendamente quando Alfredo rumou a este caminho. Trêmula, assustada, Lucíola quis ver melhor, subiu numa árvore e ficou olhando. De onde estava, via perfeitamente a casa, e viu Alfredo descer do cavalo, amarrá-lo e pareceu gritar por alguém. Viu uma moça sair da casa para recebê-lo, ele a abraçou, e os dois entraram.

Por momentos Lucíola não soube o que fazer, se descia da árvore, se gritava, sentia-se tonta e aflita. Suspirou e tentou se acalmar. Desceu da árvore e arranhou a perna e o braço. Desistiu do que fora fazer ali, pegou a bicicleta e voltou para casa.

— Não encontrou o alecrim? — perguntou Marta ao vê-la.

— Não!

Foi ao banheiro, passou remédios nos arranhados e se trancou no quarto. Chorou. Quando desabafou, foi ao banheiro, lavou o rosto, sentou-se na varanda.

"Por aqui, a maioria dos maridos trai as mulheres, parece cultural. Não prestava muita atenção aos comentários das mulheres do grupo. Penso agora que a maioria delas sofreu ou sofre por traições."

Naquele momento lembrou-se dos comentários:

— Sicrana — contou uma delas — separou-se depois de traição e se deu mal. O ex-marido dá uma pequena pensão para os filhos, que não é suficiente; ela teve de arrumar um emprego, é cozinheira num restaurante. Ele arrumou, e rápido, outra, teve outros filhos e trai essa também.

— Fulana casou com um homem que traía a esposa, ele ficou viúvo e casou seis meses depois que a esposa morrera; com dois anos de casado a trai também.

— Minhas duas filhas — disse Adélia — não querem morar aqui nem casar com rapaz desta cidade. Fiz de tudo para que elas estudassem, tivessem uma profissão, para não serem dependentes de marido. Graças a Deus, elas são boas profissionais e ganham seu próprio dinheiro. Eu não tenho uma profissão, sou somente boa dona de casa. Sempre fui traída, desde que namorávamos. Casei, como sempre nós mulheres o fazemos, com esperança de dar certo. Meu marido sempre me traiu. A primeira vez que soube, briguei, depois resolvi ignorar. Ele afirma sempre, como se fosse vantagem para mim, que sou a esposa, mãe dos filhos dele, a rainha da casa, mas não me consola. Somando os prós e os contras, resolvi ser esposa, principalmente mãe, e criar meus filhos. Arrependo-me? Não sei. Não tenho como saber o que teria acontecido se tivesse me separado dele. Talvez tenha sido melhor não ter me separado e tentado viver do melhor modo possível. Agora ele está velho, mais quieto; e, quando doente, sou eu quem cuida dele.

— A senhora o ama? — quis saber.

— Amor de mulher para homem, não. Gosto dele como um ser humano e pai dos meus filhos.

— Fato triste foi o de Margarida. Vocês se lembram? — Uma das senhoras falou e quando Lucíola ouviu o nome Margarida se arrepiou. Após os comentários de que se lembravam e o de Lucíola, de que não sabia, uma delas contou:

— Ela era traída pelo marido e resolveu descontar, o traiu. Ele, estúpido, violento, a matou. Ficou somente dois anos preso, saiu da prisão e se casou de novo. Os três filhos de Margarida ficaram com a avó materna; com ele recasado, moraram com o pai por uns tempos, depois voltaram a ficar com a avó e estão bem. Dizem que ele trai a segunda esposa.

— Traem, mas não podem ser traídos. Homens! — exclamou uma senhora, e todas concordaram.

"Adélia deve saber", continuou Lucíola pensando, "que Alfredo me trai. Há duas reuniões ela sentou-se ao meu lado. Somente agora estou entendendo que ela estava tentando me alertar, Adélia me disse: 'Lucíola, nós, mulheres casadas, não devemos sofrer por sermos traídas. O importante é que somos as esposas. Lembre que, numa situação complicada, devemos sempre, com calma e inteligência, fazer, agir, de modo que seja melhor para nós, principalmente se temos filhos. Maridos cabem bem num ditado que minha mãe dizia: ruim com eles, pior sem eles. Mãe deve sempre pensar nos filhos, eles não têm culpa pelas desavenças dos pais, gostam dos dois, principalmente se o pai é bom para eles. Como mães, devemos querer o bem deles, mesmo que nos prejudiquemos por isso'".

— É! — exclamou Lucíola, falando em tom baixo. — Adélia quis me aconselhar antes que soubesse.

Chorou de novo. Os filhos chegaram, ela os abraçou diferente.

— Mãe, não me aperte assim — reclamou Edson.

— Vocês gostam do papai? — perguntou a mãe aos três.

— Eu gosto! — afirmou Mariana.

— Eu também — disse Edson.

— Gosto, mas gosto mais de você! — exclamou José Luís.

Ela entrou com eles e, como sempre fazia, os ajudou a tomar banho e os levou para jantar. Alfredo chegou, conversou com as crianças e jantou. Como de costume, eles iam, após o jantar, para a sala e, no calor, à varanda, naquela noite ficaram na sala. Agora havia eletricidade; eles tinham rádio, ligaram. Lucíola permaneceu calada; se Alfredo notou, não comentou. Ele conversou com as crianças.

— Hora de dormir! — Lucíola chamou os filhos, virou para Alfredo e disse: — Espere-me aqui, quero conversar com você.

— Então não demore, estou cansado e com sono.

Ela colocou rápido as crianças nas camas e retornou à sala. Alfredo escutava as notícias pelo rádio, estava sonolento.

— Absurdo! — Alfredo se indignava. — O preço do milho não subiu como esperávamos.

Lucíola desligou o rádio, segurou o choro, Alfredo a olhou estranhando. Ela falou:

— Hoje à tarde fui de bicicleta no campo perto da estrada atrás de uma planta. Eram quinze horas e vinte minutos, vi você e pensei que fosse por algum motivo à cidade, mas você seguiu por outro caminho. Subi numa árvore e vi você entrando na casa das mulheres, abraçou uma moça e entrou com ela na casa.

Conforme Alfredo foi escutando, abaixou a cabeça, continuou calado. Depois de um silêncio constrangedor, ela indagou:

— Você não fala nada?

Ela chorou, esforçou-se para se controlar, se conter. Passou rápido pela sua mente que Cidão, todas as vezes que ela chorava, lhe batia mais. Alfredo continuou de cabeça baixa, não falava nada.

— Por que não fala? — insistiu Lucíola.

— Perdoe-me! Não quis ofendê-la nem fazê-la sofrer. Vamos dormir, outro dia conversaremos.

Levantou-se e rápido foi para o quarto.

Lucíola permaneceu onde estava e chorou; quando se acalmou, se levantou e foi para o quarto da filha. Agora os dois meninos dormiam num quarto, e Mariana, em outro. Deitou-se e não conseguia dormir. Ficou pensando na atitude de Alfredo.

"De fato", Lucíola pensou, "somente agora percebo que não conheço bem Alfredo. O que sei dele, de seu passado, é o que ele me contou. Nunca questionei. Ambos tínhamos histórias necessitadas de serem esquecidas. O fato é que Alfredo nunca mais mencionou seu passado, não recebeu notícias de sua família. E se o que ocorreu não foi o que ele me contou? E se foi ele quem roubou os irmãos? E aí teve dinheiro para comprar esta fazenda. Será que tem algo obscuro no seu passado? Mas isso importa agora? Eu pensava que o conhecia, mas estou percebendo que não. Combinamos muito, nunca discutimos, pensei que ele, como eu, estava bem e feliz. Alfredo nunca deve ter me amado. Agora não sei o que ele foi fazer naquela represa. Terá ido mesmo à cidade em que morou para vender com os irmãos as casas que o pai deixou? O que deve ser verdade é que me viu, soube de minha história e resolveu que comigo teria uma família, mulher e filhos. Sim, eram os filhos que queria. É triste, mas é verdade: Alfredo não me ama".

Chorou baixinho para não acordar a filha. No outro dia cedo, agiu como sempre, mas não olhou para Alfredo. Não foi à reunião na quinta-feira e avisou que estava adoentada. Alfredo a evitava, parecia estar com medo de conversar com ela. Mas na sexta-feira ela o fez ficar na sala.

— O que você está querendo, Alfredo? Separar-se? Gosta daquela moça?

— Está doida?! Claro que não! Gosto de você! — respondeu ele.

— Belo gostar! — ironizou Lucíola. — Quem gosta não quer fazer sofrer o outro.

— Lucíola, você não está exagerando? Foi somente uma aventura. Nada sério. Todos os homens têm suas aventuras.

— Por quê? — Lucíola realmente quis saber.

— Sei lá, temos, é o nosso temperamento, penso. Quero que acredite que não quis ofendê-la.

— Pois não só me ofendeu como me magoou, estou sofrendo.

— Não precisa disso! Esqueça! Acabou! Pronto! — rogou Alfredo.

— Você não irá mais me trair?

— Não é uma traição. Foi uma diversão diferente. Somente isso.

— Não irá mais me trair? Jura? Quero que jure!

— Sabe que levo muito a sério juramento — Alfredo suspirou. — Se juro, está jurado. O que me pede não posso fazer agora. Não devo jurar sem necessidade. Você está sendo melindrosa. Já disse que foi uma bobeira. Não fiz para magoá-la.

"Não quer jurar porque deverá fazer de novo", concluiu ela.

Lucíola se levantou, foi para o quarto da filha, entrou e trancou a porta. Ouviu Alfredo ir para o dele.

Não quis ir à missa no domingo; na segunda-feira, Adélia foi lhe fazer uma visita; após cumprimentos, demonstrando estar preocupada, quis saber o que estava acontecendo com ela.

— Lucíola, você não foi à nossa reunião nem ontem à missa. Preocupei-me e vim vê-la. O que está acontecendo?

Lucíola chorou, e Adélia a abraçou.

— É que vi Alfredo na casa das prostitutas, chegou e abraçou uma moça — Lucíola contou tudo à amiga.

— Lucíola — Adélia falou calmamente —, você tem nos ouvido comentar sobre esse assunto: traição. Faz algum tempo que sabemos que Alfredo a trai. Esperávamos que você fosse descobrir qualquer dia. Quando não se sabe, tudo é mais fácil, optamos por não contar a você. Reaja, querida! Sofrer por isso não vale a pena! Continue sua vida. Alfredo merece que sofra por ele? Não, certamente que não! Pense no que irá fazer. Evitá-lo? Estará o empurrando mais ainda para a outra ou outras. Separar-se? O que irá fazer para se sustentar e a seus filhos? Esqueça essa hipótese, por favor, por amor a você e aos filhos. Você não faz, faria um sacrifício pelos seus filhos? Teria uma doença, se pudesse, no lugar de um deles? Pense e responda!

— Se pudesse, teria, sim, eu os amo! — afirmou Lucíola.

— Então faça! — aconselhou Adélia. — Faça o sacrifício! Imagine como será sua vida ou a deles se você se separar de Alfredo. Com certeza ele logo se casará com outra, terá outros filhos. Aqui, pela região, há moças passadas da idade que por aqui julgam de casar e que não se importarão se ele é separado; para elas o importante é viver como esposa. Separada, conseguirá dar a eles o que seus filhos usufruem? Vocês têm tudo, as crianças estão felizes. Será você que terá de sair da fazenda, já que aqui é o lugar de trabalho dele. Eles continuarão recebendo seu amor, mas será o suficiente? E para onde irá? Onde irá morar?

— A senhora tem razão, não conseguirei dar a eles o que estão acostumados — Lucíola concordou.

— Sendo assim, esqueça esse fato, não leve tão a sério, continue sua vida e tente estar bem.

Conversaram outros assuntos, e Adélia foi embora. Lucíola pensou no que escutara.

"Dona Adélia tem razão. Ser mulher é complicado, tomara que isso mude. Realmente não tenho como me sustentar. Alfredo terá de dar pensão, mas com certeza insuficiente. As crianças o amam, ele é bom pai. Com certeza Cidão não seria. O que teria me acontecido se tivesse continuado com ele? Teria tido mais uns cinco filhos e talvez teria mais ainda. Não tratando dos dentes, logo estaria banguela; tomando sol como tomava, minha pele e cabelos, sem cuidados, estariam estragados, estaria envelhecida com meus vinte e seis anos. Ele seria bom pai? Duvido, com certeza iria surrar os filhos, e eu teria tomado tantas surras que já teria perdido a conta de quantas. As crianças estudariam? Talvez somente as primeiras séries, depois iriam trabalhar para ajudar no sustento da casa. Cidão iria me trair? Talvez, mas com tantas dificuldades não iria me importar. Existem realmente problemas bem piores que traições. Aqui, meus filhos estudam, estudarão; Mariana também, terá uma profissão e não dependerá de ninguém, não passará pelo que passei e passo no momento. Devo me amar, querer o melhor para mim e para meus filhos."

À noite, quando Alfredo rogou para que ela o perdoasse e voltasse para o quarto, ela o fez. Decidiu que ia tentar esquecer o ocorrido.

Dois dias depois, na cozinha fazendo o almoço, Marta comentou:

— Tenho sentido você triste desde a tarde em que foi procurar o alecrim, foi dormir no quarto de Mariana, voltou para o seu, mas ainda continua triste.

Lucíola resolveu contar para ela.

— É por isso e pelas minhas cicatrizes que decidi não me envolver com homem nenhum. São todos iguais! Aqui, nesta cidade, todos os homens têm que trair; se não o fazem, parece que não são homens, é muito machismo. Você até que demorou a perceber.

— Demorei? Como? Conte-me tudo o que sabe, Marta, por favor — pediu Lucíola.

— O senhor Alfredo faz um tempinho que sai com mulheres. Lembra da Quiola? Aquela moça que por uns tempos vinha à fazenda, dizia visitar a prima, mulher de um dos empregados?

— Lembro.

Foi então que Lucíola lembrou da moça: ela era bem morena, ia à fazenda e, se a via, conversava com ela. Lucíola achou a moça vulgar, com roupas decotadas, mas não ligou.

"Que sujeira! Deixar a amante vir à fazenda!"

Segurou para não chorar.

— Dessa vez — continuou Marta a contar — eu falei para o senhor Alfredo que a moça estava vindo aqui e que não estava certo, aí ela não veio mais; separaram-se porque logo ela estava com outro.

— Sabe de mais alguma coisa? — Lucíola esforçou-se e perguntou.

— Somente escuto que ele tem ido à casa das mulheres. Às vezes as roupas dele, as que pego para lavar, têm cheiro de perfume e não é o que você usa.

— Marta, se você souber de alguém, principalmente que venha aqui, me conte, está bem?

Resolveu conversar com Alfredo de novo.

— Nada como falar que sabe que o marido a trai para saber de outros casos! Você há tempos me trai, você deixou até que uma das suas amantes viesse aqui. Não quero mais isso. Já larguei de um, lembra? Largo você.

— O que é isso? Não se compara! De jeito nenhum você se separará de mim. Nunca! O que lhe falta?

Lembrou-se de Cidão, ele dizia que nada faltava a ela, que não precisava trabalhar na roça. Alfredo era igual, jogava na cara que nada lhe faltava.

— Faltam, sim, amor e respeito — lamentou Lucíola.

— Amo você! Errei e me arrependo. Esqueça isso de me largar.

Ela voltou a dormir no quarto de Mariana.

Mas no outro dia um acontecimento trágico ocorreu na fazenda vizinha. Encontraram um menino de dez anos morto, fora assassinado. Todos se comoveram.

Alfredo foi conversar com o fazendeiro e depois com um policial. Contou em casa:

— Lucíola, vamos ser precavidos, não deixe as crianças sozinhas. Feche a casa mais cedo, e vocês duas — referiu-se também a Marta, que escutava — fiquem atentas. O que aconteceu, já avisei aos empregados, é que o garoto, como todos por aqui, andava pela fazenda. A mãe dele contou que o filho avisou que ia caçar passarinho e levou seu estilingue. Não deu tempo de a mãe sentir a falta dele, porque ele saíra há menos de uma hora. Duas mulheres que foram à cidade voltaram de carona, desceram perto da casa delas, resolveram ver se havia mangas numa mangueira no pasto. Foram e encontraram o menino morto. Gritaram desesperadas, pediram ajuda, vieram muitas pessoas e de fato o menino estava morto. O delegado me contou que o médico examinou o cadáver, ele não foi abusado sexualmente, mas foi morto de forma incomum. Uma veia do pescoço do garoto foi cortada e não encontraram sangue no chão, somente uns respingos nas roupas dele; o menino estava exaurido, ou seja, sem sangue no corpo.

— Cruz-credo! — Marta se benzeu. — Vampiro?!

— Vampiro morto e vivo como nas histórias não existe — Alfredo tentou esclarecer. — Foi uma pessoa viva. Mas que é muito estranho, isso é. Vou pegar minha arma, estarei com ela na cintura. O melhor é não deixar as crianças por aí, no quintal, sozinhas. Na cidade só se fala disso.

Lucíola esqueceu seu problema, sentiu muito dó dos pais do menino, foi ao velório e ao enterro. Os três fazendeiros agora estavam mais atentos ao levar e buscar as crianças da escola.

— Será que o assassino está ainda por aqui? — era a pergunta que todos faziam e não tinham resposta.

Todos ficaram atentos às pessoas estranhas, uns diziam ser homem e alguns poucos que poderia ser uma mulher. Alguns homens foram ajudar a polícia a procurar, formavam grupos e andavam pela redondeza, porém eles não sabiam quem procurar.

Cinco dias depois que haviam encontrado o menino morto, um idoso, do outro lado da cidade, também na zona rural, que morava sozinho numa casinha afastada, foi encontrado morto pela filha que fora visitá-lo. Ele foi morto da mesma maneira, com a veia do pescoço cortada e sem sangue. Foi então que todos os habitantes da região se apavoraram.

— O fato real é que tem um assassino sanguinário solto por aí — alertou Alfredo. — Pedi para que os empregados que moram mais afastados, as duas mulheres deles são irmãs, fiquem numa casa só, a mais perto da sede; o outro empregado tem um parente que mora e trabalha na fazenda próxima, a família dele vem se hospedar na casa dele enquanto esse criminoso não for preso. Pedi para os empregados não deixarem as crianças saírem nem que fiquem sozinhas; que trabalhem em duplas; e que estejam armados; os que não têm armas, que peguem facas. Nossa casa não será aberta. Receio que alguma pessoa pule uma janela e se esconda aqui. Todas as janelas devem estar trancadas, e a porta da frente também. Abriremos a porta somente se estivermos no cômodo. Marta, não quero que durma fora de casa, arrume-se para dormir no quarto vago. Comprei uma espingarda, ela ficará em cima do armário e não quero nenhuma criança lá perto. Na escola, a diretora e os professores decidiram suspender as aulas. As crianças dormirão no nosso quarto. Todos juntos.

— Será que é tão perigoso assim? — Marta estava apavorada.

— A polícia estava procurando o assassino por este lado e ele matou outra pessoa do outro lado. Voltará a este? Como saber? É melhor nos prevenirmos.

Foi o que fizeram, evitaram sair; quando precisavam ir ao pomar ou à horta, Alfredo as acompanhava, e armado. A casa ficava toda fechada, Marta foi dormir no quarto vago, e a família toda no mesmo quarto.

As crianças não gostaram de ficar trancadas em casa, as duas mulheres tentavam distraí-las.

Naquela tarde, o fazendeiro vizinho foi à cidade e, na volta, parou em frente da casa e gritou por Alfredo. Todos os moradores saíram à frente para escutá-lo:

— Fui pressionar a polícia para capturar logo esse criminoso. Encontrei um delegado da capital na delegacia, ele veio com mais seis policiais. Ele nos informou porque eu juntei um grupo de pessoas que lá estavam atrás de notícias. O delegado falou e pediu para que repetíssemos o que íamos ouvir a outras pessoas. Disse que o delegado da cidade pediu ajuda ao seu superior e que foi apurado que existe um homem que tempos atrás assassinou duas pessoas de forma parecida com os crimes ocorridos aqui e que na época ele foi preso e condenado. Ficou treze anos na penitenciária; na prisão, tinha um bom comportamento, trabalhava, falava pouco, era educado, acharam que ele se recuperava e foi solto em liberdade condicional. Com crimes aqui parecidos, pediram notícias dele, e ele não foi encontrado. O que apuraram foi que ele ficou somente dois dias onde afirmou que ficaria e depois sumiu; veio andando, já que não pegou nenhum veículo. Um crime parecido foi cometido no caminho. Pode ser que ele ainda esteja aqui ou que foi embora. A polícia está investigando. Enquanto ele não for preso é melhor terem cuidado.

Alfredo agradeceu o vizinho; Marta, indignada, comentou:
— Crimes assim, o assassino não deveria sair da prisão. Soltaram e veja o que aconteceu.

Passaram-se cinco dias e outro menino foi encontrado morto perto de uma cidade próxima, e da mesma forma, sem sangue no corpo.

Veio mais reforço, cinquenta policiais andavam pela redondeza. Traçaram caminhos para onde o assassino deveria ir.

Todos da cidade e região continuaram com as precauções.

"Alfredo está nos protegendo", concluiu Lucíola. "O que eu iria fazer se estivesse sem ele? Estaria apavorada. Esta casa é segura. Dona Adélia tem razão: ruim com ele, pior sem ele. Porém, não está tão ruim com ele. Sinto-me segura."

Fez as pazes com ele. Resolveu que faria de tudo para não ser mais traída; e, se fosse, ignorar.

"Isso até eu poder viver sem a ajuda dele, não ser sustentada por ele."

Prenderam o Homem Vampiro, como passou a ser chamado. Quem o viu afirmava que era difícil acreditar e imaginá-lo matando alguém. O homem estava vestido com roupas velhas; tinha cabelos grandes, assim como a barba; tinha modos simples; e falava como uma pessoa educada.

Levaram-no preso para a cidade. Ele não resistiu à prisão. Na cadeia ficou sozinho na cela, e o delegado deixou que quem quisesse pudesse vê-lo. Os policiais das outras cidades foram embora, e uma viatura especial viria para levá-lo a uma prisão segura.

O homem respondia às perguntas quando indagado:

— Por que matava?

— Gosto de sangue, não queria matar, mas não resistia ao pensar no sangue.

— O que você quer?

— Sangue — respondia, como se falasse "um doce".

Um homem lhe trouxe um frango vivo e lhe deu. Ele, ávido, pegou o animal, mordeu o pescoço, arrancou a cabeça e tomou o sangue. Apavorou a todos.

Como acontecia, eram-lhe servidas comidas. Ele dizia que gostava de tudo e que a carne deveria ser bem passada. Não ligava para carne, dizia que gostava era de sangue; se não tivesse o que ele gostava, de um animal servia, mas gostava mesmo era do humano, de pessoa.

Ficou somente três dias, a viatura chegou para levá-lo para uma prisão segura.

— O perigo passou — disse Alfredo —, devemos voltar à vida normal, mas continuaremos cautelosos. A casa é grande, vou cercá-la, e as janelas não deverão ficar abertas, principalmente dos quartos, se não tiver ninguém nesta parte da casa, e a porta da frente, que usamos pouco, deverá ficar trancada. As crianças não deverão andar por aí sozinhas e, se não for a vez de Lucíola levá-las à escola, que fique uma de vocês na estrada, no ponto, para levá-las e buscá-las. Marta, você não voltará para seu quarto, deverá ficar como está, aquele quarto é seu.

— Mas...

— Nada de "mas" — Alfredo a interrompeu. — Pensamos que não havia perigo você dormir aí fora, mas não é bem assim. Está resolvido!

Lucíola concordou e pensou:

"Alfredo é uma boa pessoa. Defeitos, quem não os tem? Ele é meu marido. Marido? Não somos casados."

As crianças voltaram para a escola, e as mulheres, a fazer as reuniões na quinta-feira. Na primeira, comentaram sobre os crimes, e a conclusão foi que aquele homem era louco e viciado em sangue humano. Uma delas deu sua opinião, que fez Lucíola pensar:

— Deve ser um capeta reencarnado! Um espírito do mal! Uma pessoa sem piedade! Com certeza, quando morrer, irá sofrer, porque assassinos sofrem. Mesmo louco, afinou-se com a maldade. É um demônio!

— Cruz-credo! — exclamaram muitas do grupo.

— Tenho um parente — contou uma senhora — que mora na capital, ele é espírita, uma religião fraterna que faz muitas caridades; contei a ele e quis saber sua opinião. Ele me disse que pessoas criminosas assim têm a alma, o espírito atrasado e que ele pode ter sido influenciado por espíritos que caminham no mal.

— Credo-cruz de novo! Um demônio influenciando pessoas. Será que isso é possível? — perguntou Adélia.

— Pelo jeito é — respondeu a prima da pessoa espírita. — Porém o influenciado é também culpado, porque temos escolhas e ouvimos quem queremos, nos afinamos.

O assunto era desagradável, e todas estavam cansadas dele; passaram a falar de músicas.

Lucíola estava sempre ajudando os filhos com as lições; mesmo se não sabia, tentava, junto, aprender. José Luís, estudando geografia, levara um grande mapa do país. Ela procurou no mapa a cidade em que Alfredo dizia ter morado e não a encontrou.

"Realmente não sei, talvez não saiba nunca se Alfredo me disse a verdade. Como saber? E se eu procurar por um irmão dele? Sei os nomes deles. A cidade é pequena, com certeza uma carta sem endereço será entregue. Porém posso prejudicar Alfredo; se ele não quer ser encontrado, então que não seja."

Mas acabou indo à biblioteca da escola e pediu para ver os mapas dos estados. Encontrou a cidade.

Pensou bem e resolveu esquecer o assunto. Iria confiar no Alfredo que conhecia: honesto, bom, trabalhador e mulherengo.

Capítulo 8

～ TIO BASÍLIO ～

Completava doze anos que Lucíola estava na fazenda, que ela e Alfredo estavam juntos. Pouca coisa havia mudado. As crianças, agora adolescentes, estavam bem, eram bonitas e estudiosas. Algo que Lucíola fazia questão era de que estudassem. Além da escola, na cidade, havia somente até o terceiro ano do ensino médio, eles estudavam inglês e espanhol. Na fazenda, eles ajudavam, principalmente nas férias; José Luís, mais na contabilidade, ia a bancos para o pai, organizava contas a pagar e a receber. Edson gostava mais de ajudar a mãe na horta, no jardim, ir às plantações, andava muito a cavalo pela fazenda. Mariana aprendia o básico de uma casa, cozinhar e arrumá-la. Estava no mês de novembro e, no ano seguinte, José

Luís iria para o terceiro ano; Edson, para o segundo; e Mariana, para o primeiro ano do ensino médio.

Lucíola estava com trinta e dois anos, continuava muito bonita; os cabelos cacheados, longos, eram o que mais chamava atenção; era magra, esguia e elegante; Mariana era sua cópia. José Luís era grande e forte como o pai, Alfredo. Edson lembrava Alfredo, principalmente no sorriso, sorria com os lábios fechados e entortava um pouquinho os lábios para a esquerda. O fato, concluiu Lucíola, é que Edson não se parecia com ninguém da família, nem com Cidão.

Alfredo trabalhava muito, e a fazenda dava lucro. O grupo de senhoras foi aos poucos findando. Adélia ficou viúva, mudou-se de cidade, foi ficar perto das filhas. Uma faleceu, outra ficou doente acamada. As reuniões foram escasseando, até que não teve mais.

Alfredo a continuava traindo. Foram muitas as vezes em que ela ameaçou abandoná-lo; quando isto ocorria, ele pedia que não o fizesse, dizia amá-la, que era somente aventura etc.

"Quando meus filhos se formarem, eu largo Alfredo", determinara.

Já não o amava. Porém Lucíola não sabia dizer se ela o amara um dia.

"Talvez", pensou, "o tenha amado antes de descobrir a traição e, com elas, para me proteger e não sofrer, fui deixando de amá-lo. Nossa relação é diferente, combinamos, não brigamos, ou eu não brigo; tínhamos tudo para ser um casal perfeito, feliz, e ele me trai... Continuo pensando que Alfredo nunca me amou, e eu, para não sofrer, não o amei mais".

Não procurava saber das traições dele; se alguém vinha lhe contar, respondia: "Sei. Tudo bem. Vamos mudar de assunto?". Mas algumas doeram. Ela lembrou:

"Uma vez íamos à missa. Descemos da camionete, e eu me abaixei para dar um laço no sapato da Mariana; uma moça muito enfeitada passou, não deve ter me visto e disse, toda risonha: 'Alfredão! Oi, querido!'. Ele deve ter feito algum sinal, a moça andou rápido para outra direção. Ergui-me, olhei para ele e perguntei: 'Mereço isso?'. 'Não', disse ele. Entramos na igreja, fiquei triste, enxuguei umas lágrimas do rosto e não falei com ele. Era sempre parecido: sabia de uma traição, ele pedia perdão e afirmava me amar, repetia que era uma aventura etc. Porém não falava que não ia fazer mais. Outra vez", Lucíola continuou a lembrar, "veio à fazenda uma moça e me pediu umas ervas; eu dei, e ela ficou olhando a horta, elogiou. Marta me fez um sinal, era uma amante de Alfredo; eu, tranquila, peguei o esguicho, abri no mais forte, virei para ela e lhe dei um banho; disse: 'Saia daqui e não volte se não quiser que em vez de água eu lhe jogue álcool e ponha fogo'. A moça correu e foi embora. Porém sei bem que elas não são culpadas, o errado é o Alfredo".

Numa manhã chuvosa de novembro, Lucíola recebeu uma carta de seu tio Basílio, continuavam se correspondendo, agora as cartas não demoravam. Basílio contou que estava doente, acamado, que desta vez era sério, com certeza iria logo morrer.

"Vou ver tio Basílio", determinou.

Contou a Alfredo, que indagou:

— Como você irá fazer? Você mudou tão pouco nestes anos. Continua linda!

Lucíola ignorava os elogios de Alfredo, nem mais os agradecia. Falou o que planejara:

— Irei me disfarçar. Você me leva à cidade vizinha e de lá irei de ônibus para a capital do nosso estado. Já verifiquei os horários. Na capital, terei de esperar três horas para pegar outro ônibus, que irá à cidade perto da que tio Basílio mora, não posso esquecer que ele é agora meu primo. Nessas três horas, irei rápido a lojas e comprarei roupas largas, uns três vestidos e uma peruca. Colocarei um travesseiro no meu abdômen, já o coloquei na mala, e usarei um sutiã com enchimento, com isto parecerei gorda. A peruca será de cabelos castanho-escuros, usarei óculos de sol e, quando chegar lá, porei placas de silicone nas bochechas. Penso que ninguém me reconhecerá. Margarida morreu há doze anos; se houver semelhanças, será por sermos primas.

— Você decidiu mesmo ir? — Alfredo quis saber.

— Sim, e sozinha. Quero rever o tio Basílio, ele é uma pessoa que sempre gostou de mim.

Lucíola não dissera a Alfredo que Basílio dizia que iria fazer dela sua herdeira. Mas não estava indo por isso, queria revê-lo realmente.

No outro dia, com muitas recomendações a Marta e aos filhos, partiu. Alfredo a levou de camionete à cidade vizinha, que era maior, e a deixou na rodoviária. Quatro horas depois, estava na capital do estado onde morava e, como lhe informaram, esperaria por três horas. Foi rápido ao centro da cidade, comprou três vestidos, uma peruca, lanchou e voltou à rodoviária. A viagem da capital para uma cidade perto da que ia era de oito horas e o fez à noite. A viagem transcorreu sem problemas. Chegando, foi rápido comprar a passagem e depois ao banheiro. Na capital do estado em que morava, antes de entrar no ônibus, prendeu os cabelos e colocou um lenço. Sem dúvida eram seus cabelos que chamavam atenção. Foi ao toalete, colocou o travesseiro, trocou de roupa, pôs um vestido largo e a peruca, de fato se disfarçou bem.

Quando estava para chegar ao seu destino, Lucíola colocou na boca as placas, seu rosto se modificou, parecia uma senhora gorda; colocou os óculos e desceu tranquilamente no ponto, nessa cidade não havia rodoviária; os ônibus, poucos, paravam em frente a um bar. Pegou sua mala e rumou para a casa de Basílio.

Andando ligeiro e sem olhar para os lados, logo chegou na frente da casa, a que agora era de seu primo.

"A cidadezinha mudou muito pouco; embora eu não tenha olhado para os lados, não vi ninguém conhecido."

Bateu na porta, uma senhora foi atender. Lucíola não se lembrou dela.

— Sou Lucíola, a prima de Basílio. Vim visitá-lo.

— Ele recebeu seu telegrama. Entre! — convidou a mulher.

De fato, Lucíola passou um telegrama avisando de sua ida. A mulher pegou a mala e entraram. Lucíola foi direto ao quarto do tio, o encontrou deitado, erguido por travesseiros.

— Querida! Você veio mesmo! — exclamou ele.

Lucíola se ajoelhou rente à cama, pegou a mão dele e a beijou; emocionada, não conseguiu falar. Ambos choraram.

— Cidinha — ordenou Basílio —, vá comprar o que eu lhe pedi. Lucíola ficará comigo.

A senhora sorriu e saiu.

— Lucíola!

— Primo Basílio!

— Que alegria você está me dando! Como está? — Basílio tentou sorrir, mas fez uma careta.

— Eu estou bem. E o senhor? Quero cuidar do senhor!

— Converso pouco e já me canso. Quero ouvi-la!

Lucíola falou de si, do seu disfarce, da viagem. Tirou da bolsa três fotos, uma de Alfredo e as outras duas dos filhos. Basílio olhou e elogiou. Ela resolveu não contar ao tio seus problemas com as traições de Alfredo, não queria preocupá-lo. Ele deveria continuar pensando que ela estava muito bem.

Cidinha chegou e Basílio explicou:

— Ela é uma empregada, tem me ajudado. Margarida não a conheceu. Cidinha não é desta cidade, e não morava aqui naquela época. Agora vou descansar um pouquinho, Cidinha irá preparar o almoço.

Basílio fechou os olhos e dormiu. Lucíola aproveitou para colocar sua mala no armário, resolveu que ia dormir no quarto do tio. Foi à cozinha e aproveitou para conversar com Cidinha.

— O médico afirmou — contou Cidinha — que o senhor Basílio está para morrer. Seu coração está fraco.

— Você fica aqui o dia todo? Basílio fica à noite sozinho? — Lucíola quis saber.

— Tenho ficado direto com ele. Vou à minha casa somente por duas horas e à tarde. Minha sogra mora conosco, é ela que cuida da casa, tenho quatro filhos, que já estão crescidos. Meu marido trabalha fora da cidade, num serviço temporário, ele vem de quinze em quinze dias.

Lucíola foi ajudá-la a fazer o almoço.

— O senhor Basílio está somente tomando sopa, tem comido muito pouco — contou a empregada.

— Você não é da cidade? Por que veio para cá? — perguntou Lucíola.

— Morávamos numa cidade longe, ela é mais ou menos do tamanho desta. Há cinco anos teve uma seca brava, e a vida ficou muito difícil. Meu marido tem um primo que mudara antes para esta cidade porque a esposa dele tinha parentes aqui, este primo nos convidou para vir para cá. Aventuramo-nos e viemos: nós, a mãe dele e dois irmãos que se casaram e estão bem. Nós, perto do que passamos, também estamos bem e gostamos daqui.

— Que bom! Agradeço por você ter cuidado de Basílio. — Lucíola de fato estava agradecida.

— Recebo um bom ordenado, o senhor Basílio é generoso. Cuido dele com carinho.

— De onde você veio? Onde morava? — Lucíola quis saber.

Cidinha falou, Lucíola se admirou, esforçou-se para não demonstrar surpresa, porque a cidade que a empregada citara era a em que Alfredo morara. Segundos depois a indagou:

— Cidinha, tive uma amiga que a família dela era dessa cidade, ela é da família... — Lucíola disse o sobrenome de Alfredo. — Você conhece essa família?

— Sim, essa família é conhecida. Lá todos se conhecem e sabem quem são.

Cidinha se calou, e Lucíola pensou:

"É uma oportunidade de saber se Alfredo mentiu ou não."

— Estou lembrando agora — Lucíola voltou a perguntar — que ela me contou que seus primos brigaram pela herança dos pais. Que eram ricos. Você sabe dessa história?

Pelo jeito, Cidinha gostava de conversar. As duas continuaram preparando o almoço. Cidinha contou:

— O que eu sei dessa família é que brigaram mesmo. Eram três irmãos. A mãe morreu, depois o pai. Sim, eles eram ricos. O filho mais velho, muito antipático, casou-se com uma moça chata e metida. O pai deu a esse filho muitas coisas, e para o segundo também. O terceiro filho ficou na fazenda trabalhando e cuidando dos pais, não ganhou nada. Na divisão da fazenda, brigaram; os dois mais velhos se feriram, e o caçula, que apartou a briga, também se feriu. Venderam a fazenda e dividiram o dinheiro em três partes. O caçula, o melhorzinho deles, ficou com menos e foi embora de lá, foi para o sul e ninguém mais soube dele. É a vida! Dinheiro em mãos erradas é um problema! Nessa seca que nos fez mudar de lá, os dois irmãos tiveram grandes prejuízos, tiveram de trabalhar muito, coisa que não faziam antes. Minha irmã me escreveu contando que os dois não são mais tão ricos como foram. Dinheiro que não foi ganho com honestidade sai pela porta. A senhora não acha?

— É verdade! — exclamou Lucíola.

"Alfredo não mentiu! Ele é honesto! Foi bom eu saber!", concluiu ela.

Acabaram de fazer o almoço, e Lucíola foi levar o alimento para Basílio, que quis, antes, ir ao banheiro. Cidinha o amparava, quase que o carregava. Lucíola deu a sopa na boca dele, que se alimentou pouco. Depois, ela foi almoçar e voltou para fazer companhia ao tio.

— Lucíola — disse Basílio —, há tempos, desde que você me mandou seus documentos, passei tudo que tenho para você. Então você não é herdeira, é seu. Quando recebi seu telegrama, avisei à pessoa a quem arrendo o sítio, que há tempos quer comprá-lo, que você vinha para vendê-lo e para ele marcar já para amanhã no cartório para passar a escritura. Penso, Lucíola, que é melhor vender, e logo, você deve ficar aqui o mínimo possível; pegue o dinheiro da venda, coloque no banco e depois pensará no que irá fazer. Esta casa também está em seu nome, é sua, e eu também a vendi, mandarei avisar o comprador que você passará a escritura amanhã, os dois no mesmo horário.

— Mas, primo Basílio, onde você irá morar? — Lucíola se preocupou.

— Continuarei aqui até morrer, é o combinado com o comprador, que é meu amigo. Prima, estou morrendo, sei disto. Eu negociei, espero que concorde com o preço.

— Agradeço muito — Lucíola aproximou-se dele e falou baixinho —, tio querido! Concordo com tudo. Se eu não tivesse vindo, como iríamos fazer?

— Meu amigo do cartório iria escrever para você depois que eu morresse e avisá-la. Aí você teria de resolver o que fazer. Com certeza seria melhor você vender. Você não deve ter vínculo com este lugar. Pode ser perigoso. — Basílio falava devagar, fazia umas paradas, esforçava-se para respirar.

"Agi errado", pensou Lucíola e concluiu: "infringi a lei. Passei por morta, fiz outros documentos. Tio Basílio tem razão, devo ficar aqui o mínimo possível, resolver tudo e nunca mais voltar. Titio pensou em tudo. De fato ele sempre quis o melhor para mim. Somente três pessoas sabem do que ocorreu. Se tio Basílio falecer, será segredo meu e de Alfredo, que juramos não contar a ninguém e, como ele disse: jurou está jurado, é para sempre".

— Estou cansado — Basílio suspirou —, vou descansar um pouquinho, depois conversaremos mais.

Lucíola aproveitou para tomar banho e dispensou a empregada.

— Cidinha, fizemos o almoço e o jantar. Aproveite que estou aqui e vá para casa. Cuidarei de meu primo.

Cidinha, contente, foi embora. Lucíola aproveitou para ver tudo o que tinha na casa. Entendeu que não tinha nada de valor e não encontrou fotos. Basílio acordou; ela, com carinho, cuidou dele, deu alimentos na boca, fez sua higiene, a barba e ficaram conversando.

— Titio, que bom é poder chamá-lo assim! Enquanto o senhor dormia, olhei a casa e não vi as fotos.

— Dois meses atrás, quando piorei, senti-me de fato doente, peguei tudo o que não queria que outras pessoas vissem e queimei: foram fotos, as antigas, minhas, de minha esposa e de Margarida, como também o fiz com suas cartas.

Lucíola não perguntou de ninguém; ela sabia, pelas cartas, de sua família e de Cidão, que estava bem financeiramente e tinha dois filhos.

Basílio falou do que havia planejado:

— Lucíola, tenho tudo preparado há tempos, comprei uma urna funerária, serei enterrado no túmulo em que minha esposa foi. Não devo a ninguém, já até paguei o ordenado de Cidinha adiantado. Dei muitos móveis, objetos da casa a umas senhoras que fazem caridade; outros dei para Cidinha. Amanhã você irá ao cartório e venderá a casa e o sítio; deve ir ao banco, abrir uma conta e depositar o dinheiro; irei fazer um cheque, irei assinar; você, no banco, peça para ver meu saldo, já conversei com o gerente, ele está aguardando, fará o cheque com tudo o que tenho depositado; feche minha conta e deposite o cheque na sua conta. Naquela gaveta, tenho dinheiro, pegue para você.

— Titio, o senhor ficará bem. Venderei, sim, mas o dinheiro é seu.

— Não! Minha Margarida querida, é seu! — determinou Basílio.

— Agradeço muito o senhor.

Conversaram, ou Lucíola falava, e Basílio ficava escutando. À noite, dois amigos foram visitá-lo, ela se apresentou, os conhecia, mas agora era Lucíola. Serviu café para as visitas, eles não demoraram. Arrumou-se para dormir, tirou a peruca.

— Seus cabelos, seus lindos cabelos! Fez bem em colocar a peruca — observou Basílio.

Lucíola se acomodou na outra cama. Basílio dormia, acordava, estava realmente muito fraco.

No outro dia, Cidinha chegou cedinho e foi fazer seu trabalho. Logo a pessoa que ia comprar o sítio foi avisá-la de que poderia ir ao cartório. Lucíola foi e lá se encontrou também com o comprador da casa. Conhecia todos, ninguém deu sinal de reconhecê-la. Assinou, recebeu em cheque, foi ao banco, fez o que Basílio recomendara. Se viu dona de uma quantia de dinheiro que, para ela, era muito.

Quando saiu do banco foi à telefônica. Tirou um papel da bolsa, onde estava o nome da imobiliária, endereço e o número. Era a imobiliária que administrava dois apartamentos que o tio tinha e que estavam em seu nome. Basílio lhe falou que um deles, o mais central, estava desocupado.

Naquela época, poucas pessoas tinham telefone. Em muitas cidades havia um local onde era a telefônica, e onde muitas pessoas iam telefonar, fazer principalmente interurbanos. Ela foi de imediato atendida, deu o número e, para sua surpresa, a atendente disse que seria rápido. De fato, vinte minutos depois completou a ligação; atendeu uma pessoa da imobiliária, e ela pediu para falar com o corretor que o tio tinha costume de telefonar. Identificou-se, verificou se realmente um apartamento estava desocupado, pediu para não alugá-lo e para não mandar o dinheiro do outro aluguel, que com ele pintasse o apartamento, deixasse em ordem. Acertou tudo, até onde ela pegaria a chave.

Pagou a ligação e voltou para casa andando ligeiro.

"Nunca soube desses apartamentos, titio contou que os comprou pensando na sua esposa. Depois ele passou para o meu nome. Eram meus e eu não sabia. Ele não me deixou nada, passou tudo em meu nome. Facilitou tudo para mim."

A cidade dos apartamentos era grande, perto da capital do estado, tinha ótimas universidades e não ficava longe de onde morava, três horas e trinta minutos de ônibus.

"Titio comprou os apartamentos quando descobriu que a esposa estava doente, pensou em se mudar para ela fazer um tratamento, mas não deu tempo, ela faleceu. Será que esses apartamentos não são velhos? O corretor afirmou que são muito bons. Veremos!"

Chegou em casa, deu alimento para o tio e contou o que ocorrera. Basílio sorria, mas estava calado. Após descansar, à tarde ele falou:

— Lucíola, se você quiser, pode ir embora.

— Não, titio, vim para ficar com o senhor — determinou ela.

— Alegro-me com você aqui. Quero lhe pedir algo. Quando eu morrer, você e Cidinha me troquem, já preparei a roupa com que quero ser enterrado. Peça a Cidinha para avisar à funerária, eles trarão o caixão, me ajeite nele, eles me levarão, ou o meu corpo morto, para uma sala no cemitério. Você não deve ir ao velório. Deve partir o mais rápido possível, saia da cidade nem que seja para ficar esperando na cidade vizinha. Prometa!

— Sim, titio, farei o que me pede. Mas o senhor não irá morrer logo.

— Lucíola — Basílio estava falando devagar, baixinho e com dificuldade —, não tenho medo da morte. Fiz um exame de consciência, não fiz mal a ninguém, mas sim o bem. Tenho na minha bagagem muitos "Deus lhe pague" e "obrigados". Irei em paz. Há duas semanas sonhei com minha esposa, ela estava bonita e disse: "Nossa separação terminou, ficaremos juntos. Nosso amor é lindo! Eu o estou ajudando". "Quando será isso? Nosso encontro?", perguntei emocionado. "Logo, meu bem, logo. Escreva para Lucíola." Acordei chorando, escrevi para você. Desde aquela noite, tenho a certeza de que logo estarei junto dela. Não é maravilhoso? E aí piorei e não consegui mais me levantar sozinho.

Basílio se cansou, fechou os olhos e calou-se. Lucíola se assustou.

"Será que morreu?"

Aproximou-se mais e percebeu que respirava. Novamente, pediu para Cidinha ir embora. Ficou sentada ao lado da cama velando o tio.

Basílio estava tranquilo e às vezes sorria.

Ele abriu os olhos, a olhou com carinho e falou com dificuldade:

— Estou bem, ou logo estarei. Ela espera por mim!

Fechou os olhos novamente. Lucíola, cansada, deitou-se na cama ao lado, levantou-se por seis vezes para olhar o tio. Basílio continuou do mesmo modo.

De manhã, Cidinha chegou, olhou o patrão e indagou:

— Ele morreu?

— Não, mas não está bem. Devemos chamar o médico? Basílio disse que não era para chamá-lo.

— Dona Lucíola — opinou Cidinha —, o médico afirmou que não tem o que fazer. Poderia antes levá-lo para o hospital da cidade vizinha, mas o senhor Basílio não quis, falou que não queria morrer num lugar estranho e que no hospital ele somente sofreria mais.

Lucíola tentou contar as pulsações do coração do tio pelo pulso e pelo pescoço, seus batimentos cardíacos estavam muito fracos, ele não abriu mais os olhos, não atendeu mais o chamado. Lucíola decidiu e pediu para Cidinha chamar o médico. Trinta minutos depois, um médico jovem, ela não o conhecia, chegou e, ao examiná-lo, constatou:

— Basílio faleceu!

— O senhor tem certeza? — perguntou Lucíola.
— Tenho!

Lucíola pagou o médico pela visita. Cidinha acompanhou o médico até a porta e voltou ao quarto. Lucíola enxugou o rosto. Realmente sentia a morte do tio. Determinou:

— Vamos, Cidinha, vesti-lo para o enterro. Depois você irá à funerária; como Basílio disse, está tudo acertado.

As duas mulheres trocaram de roupa o corpo inerte de Basílio. Lucíola o arrumou, penteou seus cabelos, ajeitou-o. Cidinha foi à funerária e logo ela retornou com três pessoas da funerária com uma urna, caixão; eles pegaram o corpo dele e o colocaram dentro. Lucíola o ajeitou. Um deles falou:

— Vamos levá-lo ao salão do cemitério para ser velado. Como o senhor Basílio deixou planejado, se sua morte ocorresse à noite ou de manhã, o enterro seria no mesmo dia à tarde. Se morresse à tarde, o velório deveria ser no outro dia e enterrado pelo meio-dia. Logo o carro de som dará a notícia pela cidade.

Pegaram o caixão, colocaram no carro funerário e partiram. Lucíola sentiu um aperto no peito. Triste, decidiu fazer o que prometera ao tio, não ir ao velório, onde com certeza iriam muitas pessoas, era costume do lugar.

— Cidinha — chamou Lucíola —, irei embora. Peguei os horários de ônibus, um deles irá para a cidade vizinha às nove e trinta minutos. Agora são oito horas e vinte minutos. Dará tempo para eu pegar o ônibus das onze horas para a capital. Basílio deixou tudo arrumado. Deu a maioria dos móveis para uma instituição e a casa está vendida. Ele também já lhe pagou o mês todo.

— Está tudo certo, senhora — concordou Cidinha. — Recebi pelo mês todo. Devo devolver?

— Não! Vou agora me arrumar para pegar o ônibus. Você irá ao velório?

— Irei, sim — afirmou Cidinha.

— Se alguém perguntar de mim — instruiu Lucíola —, diga que eu vim aqui somente para estar com ele, meu primo, mas com ele vivo. Não fiquei para o velório porque já me despedi dele e tenho de voltar.

— Falo, sim. Dona Lucíola, posso levar os alimentos? Tem muitos no armário e na geladeira.

— Pode, eu os dou a você.

— Obrigada. Vou colocá-los em sacolas e levá-los para minha casa.

Cidinha saiu; Lucíola foi à gaveta trancada, o tio mostrara onde estava a chave, abriu e lá estava uma quantia de dinheiro. Pegou e se arrumou para a viagem.

Cidinha veio se despedir e Lucíola a indagou:

— Basílio irá ser enterrado no túmulo de sua esposa. Nesse local está também enterrada a prima Margarida? Você sabe?

— Aquela da tragédia? Não! O corpo dela e os dos filhos não foram encontrados, ficaram sepultados no fundo do lago. O senhor Basílio não gostava de falar desse assunto. Soube por outras pessoas. Foi algo triste.

— Por aqui ainda se comenta esse fato? — Lucíola quis saber.

— Não! Tudo passa, raramente alguém comenta.

— Pegue este dinheiro — Lucíola ofereceu. — Estou lhe dando esta gratificação.

— Nossa! Obrigada, dona Lucíola! — Cidinha ficou contente.

Lucíola esperou o relógio marcar nove horas e quinze minutos para sair com a mala, rumou para o ponto de ônibus, comprou a passagem. Ouviu o carro de som passando na praça anunciando o falecimento de Basílio e que o enterro seria às dezessete horas. Pelas cidades pequenas do interior, não tendo rádio com transmissão local nem jornal, costumavam-se anunciar casamentos, nascimentos e falecimentos pelo carro de som. Pagava-se por isso. Falecimentos estavam inclusos no plano funerário.

Às nove horas e trinta e cinco minutos o ônibus partiu. Lucíola estava triste, estava com vontade de chorar, mas não o fez. Pensou:

"Ainda bem que eu vim e pude abraçar meu tio, agradecê-lo e estar com ele nos momentos finais. Titio morreu feliz, sorria, com certeza se encontrou com o grande amor de sua vida."

Ficou sentada quietinha, não olhou para as pessoas.

"Talvez aqui no ônibus estejam pessoas que eu conheci e que me conheceram".

Quando chegou à rodoviária da cidade vizinha, desceu rápido, pegou sua mala, foi ao guichê e comprou passagem para a capital daquele estado. Teria de esperar por quarenta e cinco minutos. Tomou um lanche e aguardou. No ônibus, olhou para os passageiros, não conhecia ninguém. Tirou o silicone da boca. Houve paradas em outras cidades e chegou. A rodoviária da capital era grande, comprou a passagem para a capital do estado em que morava; viajando de ônibus parecia, e de fato era, que ia e voltava, não fazia uma viagem em linha reta, por isso demorava mais. Viajaria às vinte horas, esperou por duas horas. Sentiu-se aliviada quando o ônibus partiu e, numa das paradas, foi ao toalete e tirou o travesseiro, que a incomodava, e a peruca; colocou um lenço na cabeça.

A viagem transcorreu sem problemas, dormiu, estava com sono e cansada. Chegou às duas horas da manhã e conseguiu passagem para uma cidade grande no seu estado, às cinco horas. Entrou no toalete, tirou o vestido largo, colocou sua roupa, mas deixou o lenço nos cabelos. Colocou os três vestidos largos e a peruca numa sacola e jogou no lixo. Alimentou-se e aguardou. Pensou e repensou no que ia fazer:

"Tio Basílio me deixou bem financeiramente. Não preciso ser mais sustentada. Posso tomar a decisão que há tempos quero. Tio Basílio! Meu anjo! Pessoa boa! Sentirei falta de suas cartas, de seus conselhos, do seu carinho. Que Deus lhe dê em dobro o que o senhor fez por mim."

Orou pelo tio e chorou.

O ônibus saiu no horário, sentiu-se segura nele. Chegou às nove horas da manhã e pegou outro em seguida para a cidade vizinha à que morava. Lá pegou um táxi e foi para a fazenda.

Que gostoso estar de regresso! Agora era colocar seus planos em ação.

Capítulo 9

～ MUDANDO ～

Embora Lucíola tenha se ausentado por poucos dias, ao chegar à fazenda, abraçou os filhos e Marta, sentira realmente falta deles. Alfredo estava pela fazenda. Após um banho demorado, alimentou-se e conversou com Marta:

— Minha amiga, foi muito bom eu ter ido visitar esse meu parente, era o único que tinha. Senti muito sua morte. Marta, quero lhe fazer uma proposta, antes vou contar a você o que acontece. Você sabe das traições de Alfredo, há tempos falo que, quando meus filhos tivessem estudado, eu iria me separar dele. Mas algo aconteceu, esse meu parente era sozinho e me deixou uma pequena fortuna. Ele havia, há tempos, passado o que possuía para o meu nome e tenho dois apartamentos na cidade que não é longe daqui, uma metrópole grande. Vou embora com meus filhos, lá eles estudarão, tem ótimas universidades. Agora tenho como me sustentar e a eles. Estou falando com você e irei conversar com eles. Pretendo me mudar logo, no final da semana ou no começo da outra. As crianças entrarão de férias depois de amanhã. Quer ir comigo? Conosco?

— É que eu... não sei! — Marta estava indecisa.

— Sei, Marta, que não gosta do novo, de nada diferente. Entendo-a! Nessa cidade tem ótimos cirurgiões plásticos, quero pagar um tratamento a você. Não tenha medo de enfrentar a vida. Lembro-a, quando eu vim para cá, que você não saía; agora sai, tem amizades e vida social. Lá não será diferente, as pessoas a olharão, se acostumarão, e tudo ficará normal. Penso que, talvez, com algumas cirurgias, seu rosto estará bem melhor. Você é minha amiga, a única que tenho, as outras pessoas são mais conhecidas. Gostaria que fosse conosco.

— O senhor Alfredo ficará sozinho? — perguntou Marta.

— Ele nunca está ou ficará sozinho. Com certeza logo outra mulher estará aqui e você terá outra patroa. Mas, enquanto isso, podemos arrumar uma empregada para ele.

— Ele deixará você ir? — Marta se preocupou.

— Faço o que quero! Não preciso dele para nada!

— Posso perguntar à mulher do empregado que mora aqui se ela vem limpar, lavar a roupa e fazer comida para o senhor Alfredo. Vou embora com você. Tem razão, logo o senhor Alfredo colocará outra mulher aqui, e eu não quero outra patroa. Embora não faça diferença, o senhor Alfredo não parou em casa estes dias. Teve uma noite que, após as crianças irem dormir, ele saiu e retornou somente na manhã seguinte. Vou falar com a mulher agora; se aceitar, começo a ensiná-la ainda hoje ou amanhã.

Lucíola chamou os filhos para conversar, foram à sala.

— Filhos, a viagem que fiz foi para rever meu único parente, vocês sabem que nos correspondíamos. Infelizmente, ele faleceu; senti, mas pude estar com ele nos últimos momentos. Esse parente me deixou dinheiro e dois apartamentos numa cidade grande, que não é longe daqui. Um desses apartamentos, o mais central, está desocupado, pedi para a imobiliária ajeitá-lo, vamos para lá.

— Vamos como? — Mariana não entendeu.

— Indo, ora — respondeu Edson.

— Vamos escutar a mamãe, e calados — pediu José Luís.

— Meus filhos, vocês sabem que papai e eu não vivemos bem como um casal. Sempre aguentei calada, sem brigar, as traições dele, porém o avisei, e tinha em mente, que, assim que vocês estudassem e eu não precisasse ser sustentada por ele, iria me separar. Isto ocorreu, não preciso ser sustentada mais por ele. Recebi uma herança desse meu parente, uma quantia em dinheiro que coloquei no banco e dois apartamentos numa cidade grande e próxima. Dará para vivermos e iremos mudar para essa cidade. Sonho, quero que vocês três estudem e tenham uma boa profissão, e nessa cidade poderão estudar. Iremos para ficar num desses apartamentos; se acharmos que ele não serve para morarmos, o alugo e alugaremos outro para nós. José Luís, ao terminar o terceiro ano, teria de ir estudar em outro lugar. Agora iremos nós quatro, ou cinco, porque Marta irá conosco. Queria ir neste final de semana ou na segunda-feira. Com certeza, pais não se separam de filhos, vocês poderão vir para cá quando quiserem, e Alfredo pode ir vê-los. Porém nós dois nos separaremos.

— Papai sabe? — perguntou José Luís.

— Quando ele chegar ou após o jantar vou conversar com ele.

— Eu entendo! — exclamou Mariana. — Eu entendo você, mamãe. Claro que eu, nós queríamos que fosse diferente. Papai está sempre namorando alguém. Comentam, e a gente escuta mesmo sem querer. Papai será sempre nosso pai, mas pode ser seu ex-marido.

— Tudo isto é triste! — Edson se aborreceu. — Amo os dois, mas uma coisa é boa: nessa cidade estudaremos e ficaremos unidos.

— Quero que vocês saibam — expressou Lucíola — que eu fiz de tudo para que nossa união desse certo, aguentei calada as traições. Agora está resolvido!

— Eu também sinto, e não precisava vocês se separarem — opinou José Luís —, mas eu a entendo. Vamos com você, será com certeza uma aventura. Depois de tudo acertado, podemos vir e passar o Natal com papai. Podemos, não é?

— Sim, poderão, mas vocês, não eu. Amo a fazenda, esta casa, mas me amo também. Com certeza, a separação será melhor para nós dois. Seu pai estará livre para se unir a outra pessoa, a quem amará.

— Papai não ama você? — perguntou Mariana.

— Filha, com certeza não. Se me amasse, não iria me trair, me humilhar como faz.

— Adultos são complicados — observou Edson. — Não entendo como alguém pode não a amar. Penso que tem razão, papai não deveria fazer o que faz. Mamãe, nós três já conversamos com papai, pedimos a ele para não fazer isto, traí-la.

— O que ele respondeu? — perguntou Lucíola curiosa.

— Que nós não deveríamos nos preocupar com esses problemas. Que tudo estava bem. Mas pelo jeito não está — foi Edson quem respondeu.

— Sabe, mamãe, o que escutei de duas colegas de classe? — Mariana não esperou pela resposta. — Que você é uma frouxa, boba, por estar com papai.

— Não me importo com falatório, com comentários, nunca me importei. Não me separei de Alfredo antes por causa de vocês. Sabia que, se me separasse, nossas vidas seriam difíceis, teríamos de mudar daqui, da fazenda, pois este é o lugar de trabalho de seu pai. Alfredo teria de nos dar uma pensão, mas, como costuma acontecer, seria insuficiente, nossas finanças seriam escassas. Eu não tenho uma profissão, estudo; se trabalhasse, teria de ser de doméstica ou algo assim, por isso que quero tanto que vocês estudem, tenham uma profissão para seus sustentos com dignidade. Agora que recebi essa herança será diferente.

— Mas papai terá de nos dar uma pensão? — perguntou Edson.

— Terá, e será uma ajuda, mas terei como nos sustentar. Agora que sabem, vamos nos preparar para viajar, nos organizar para nos mudarmos definitivamente.

— Se papai não deixar, nós iremos? — Mariana quis saber.

— Ele não tem como me impedir.

— Espero que não haja briga quando você falar com ele, estaremos no quarto, e eu virei ao seu auxílio se precisar. Mamãe, eu a amo! — José Luís se emocionou.

— Obrigada, meus filhos, vocês são tudo para mim — Lucíola também se comoveu.

Passaram a fazer planos sobre o que iriam levar e concluíram que necessitariam de mais malas e caixas. Alfredo chegou para o jantar, tomou banho, sorriu para Lucíola, foi beijá-la e foi afastado. Ela sentiu, pela expressão dele, que com certeza descobrira que ele não parara muito em casa.

Após o jantar, Lucíola o chamou:

— Alfredo, vamos à sala, quero conversar com você.

Foi à frente e ele atrás.

— Lucíola querida, senti sua falta. Como foi a viagem?

Sentaram-se, ela fez questão de se acomodar numa poltrona. Ela contou da viagem, que ninguém a reconheceu, da doença do tio e sobre o que recebeu de herança. Alfredo a escutou calado, não falou nem quando ela terminou. Lucíola, após um breve silêncio, continuou:

— Foi isso o que ocorreu. Tenho agora como me sustentar. Eu o avisei muitas vezes de que, quando isso ocorresse, eu iria me separar de você. É o que estou fazendo, me mudarei com as crianças, Marta irá comigo, vamos para um apartamento que tenho, nessa cidade há ótimas escolas, universidades, onde nossos filhos estudarão. Estou, Alfredo, me separando de você!

— Não pode! Não e não! — Alfredo se assustou e se indignou.

— Está decidido! Estou me separando de você — Lucíola reafirmou, falando em tom baixo e calmo. — Posso, sim, me separar, nem somos casados; vou embora, e acabou, nossa união terminou. Você estará livre para viver como quiser.

— Mas, Lucíola, eu a amo! Não posso ficar sem você. Podemos nos casar. Como você nunca falou sobre isso, pensei que não ligasse para essa formalidade.

— Não ligo mesmo, nunca liguei! Porém me importo, sempre me importei com suas traições.

— Não sei por que eu...

— Não dê desculpas — interrompeu ela. — Cheguei a pedir a você para consultar um especialista, um médico psiquiatra, para ver se tinha algum problema, você se recusou. Para mim está bem claro, trai porque não me ama, nunca amou.

— Não é verdade! — Alfredo falou baixinho. — Eu sempre a amei. Você me ama?

— Não acredito em você, quem ama não magoa o ser amado, mas isto não importa. Não, Alfredo, eu não o amo. Sofri muito quando descobri a primeira traição, e então fiquei sabendo que há tempos você me traía. Continuei com você porque ponderei e entendi que seria muito difícil estar separada. O amor foi acabando, suas traições somente me humilhavam, parei de sofrer por elas, e o amor acabou. Não, Alfredo, eu não o amo!

— Não posso acreditar! Não posso! Não se separe de mim, Lucíola, fique comigo.

— Não, está decidido. — Lucíola de fato estava determinada. — Irei dormir no quarto de Mariana. Vamos embora logo, eles têm aula até quinta-feira; se der, iremos no sábado ou na segunda-feira. Alfredo, não precisamos ser inimigos; os três, nossos filhos, o amam muito. Nós dois podemos ser "ex", mas não o seremos para os filhos. Eles virão aqui à fazenda, e você pode ir lá revê-los. Porém eu lhe peço: quando eles vierem aqui, que não o encontrem com nenhuma de suas aventuras. Apresente a eles quando você estiver com uma mulher que o caso seja sério. Certo?

— Não me conformo! Não aceito! — lamentou Alfredo.

— Problema seu! Terminamos nossa conversa, agora irei falar com nossos filhos o que acertamos.

Lucíola o deixou sozinho, e Alfredo ficou desolado. Ela foi para o quarto da filha e encontrou os filhos, ela os tranquilizou. Foram dormir, e ela o fez no quarto da filha. No outro dia, eles foram à escola e combinaram que não pegariam as transferências agora, mas sim depois.

Alfredo tentou conversar com Lucíola e fazê-la desistir, mas ela já decidira, e não voltaria atrás em sua decisão. A mulher que seria a nova empregada chegou e foi aprender com Marta a cuidar da casa, que, com a novidade, ficou movimentada; à tarde saíram para fazer compras, decidiram que iam levar três caixas, e nelas Lucíola colocaria alguns objetos de que gostava, uns enfeites, aparelho de jantar, talheres, coisas dela ou que achava que precisaria, e separaram as roupas. Contaram na escola, e logo todos na cidade ficaram sabendo. Alfredo estava falando pouco, estava agindo como se não acreditasse que eles iriam embora. Os filhos conversaram com ele.

— Papai, nós o amamos, vamos ficar com a mamãe, você sabe que temos de estudar, e lá é a cidade ideal para isso. Viremos passar o Natal com você. E poderá ir nos ver. Você será sempre nosso pai. Você e mamãe se separaram, mas continuamos filhos de ambos.

Os três falaram mais ou menos isso.

Na segunda-feira pela manhã, Alfredo os levou, de camionete, à rodoviária da cidade vizinha. Havia um ônibus que ia direto à cidade para a qual iriam. Ele parecia inconformado, não acreditava. Lucíola despediu-se dele com um "tchau", os filhos o abraçaram e beijaram. Disfarçadamente, ele enxugou o rosto.

No ônibus, no começo da viagem, sentaram todos perto, estiveram calados; depois conversaram e fizeram uma boa viagem.

Ao chegar, com as malas e três caixas, alugaram uma camionete e um carro, táxi, e foram para o endereço do apartamento. Chegaram; Lucíola se identificou e recebeu a chave do porteiro, que contou:

— Três mulheres fizeram, pela manhã, faxina no apartamento. Penso que tudo está certo. É no sexto andar.

Subiram pelo elevador. Marta estava admirada com o tamanho da cidade e com o elevador. Lucíola e os filhos, junto de Alfredo, por muitas férias escolares, haviam viajado, conheceram cidades praianas, o mar, e cidades grandes, estavam somente gostando de tudo.

Subiram; José Luís ficou para colocar as malas e caixas no elevador, e Edson ia pegá-las no andar em que estavam. Lucíola abriu a porta do apartamento e gostou do que viu.

O apartamento estava recém-pintado, muito limpo. Se comparado à casa da fazenda, era minúsculo, mas não era pequeno. As três mulheres entraram para conhecê-lo. Na sala, havia uma porta grande que ia à cozinha; após, tinha a lavanderia e nela uma porta de um quarto e banheiro, alojamento de empregada. Voltando à sala, havia um corredor, onde estavam três quartos e dois banheiros, sendo um deles pequeno.

As malas e caixas foram deixadas no chão da sala. Todos gostaram do apartamento, que estava de fato muito limpo.

— É pequeno, ainda mais se compararmos à casa da fazenda — observou Lucíola. — Porém está muito bem localizado. Vamos deixar tudo aqui, peguemos somente as maletas de mão e iremos para um hotel, onde ficaremos até equiparmos o apartamento.

Saíram, foram almoçar e, após, foram às lojas. Marta olhava tudo com interesse e admiração; Mariana, que gostava muito de compras, estava excitada, e os garotos também opinavam. Compraram móveis, eletrodomésticos, e tudo para ser entregue no dia seguinte.

— Nem acredito que teremos uma televisão! — exclamou Edson.

De fato, televisão era algo recente; na cidade em que moravam, muitas pessoas já tinham, e na maioria das vezes as transmissões não eram nítidas; na fazenda, não pegava. Naquela cidade tinha até opções de canais.

Cansados, jantaram e foram dormir. No outro dia ainda tinham muito o que comprar. Combinaram que Marta ficaria no apartamento para receber as compras e Edson também quis ficar.

Lucíola, Mariana e José Luís continuaram as compras e as fizeram de roupas de cama, banho e o que acharam que necessitavam. Ela foi ao banco, conversou com o gerente, estava pagando tudo com cheques; depois foi à imobiliária, acertou tudo e deu a conta do banco para eles depositarem o aluguel do outro apartamento.

Quando foram ao apartamento, ele já estava equipado. Naquela noite ainda dormiram no hotel. No outro dia, após o café da manhã, instalaram-se de vez no apartamento. Todos colaboraram e o arrumaram. Edson contou:

— Ontem passei um telegrama para papai avisando que chegamos bem e que tudo está dando certo.

— Fez bem, assim ele não ficará preocupado! — concordou Lucíola.

Ela fizera um propósito de não falar mal de Alfredo aos filhos, mas sim incentivá-los a o continuar amando e respeitando.

"Alfredo sempre foi bom pai, ele merece o amor dos filhos", determinou.

Foram dias movimentados e em todos um deles ia ao correio, que era perto, e passava um telegrama para o pai; ele passava também, afirmando que sentia a falta de todos, mas que estava bem.

— Mamãe — contou José Luís —, descobrimos que a dois quarteirões daqui está a escola em que eu sempre quis estudar, é de segundo grau. É fabuloso! Eles ainda não encerraram o ano letivo.

— Vamos lá, nós quatro.

Foram à tarde; a secretária, atenciosa, mostrou a escola, os uniformes, e disse que estavam aceitando matrículas. Após, os deixou numa sala:

— Conversem vocês sozinhos; se decidirem, já posso matriculá-los — disse a secretária.

Todos gostaram, mas era caro, a escola era particular.

— Se vocês gostaram, está decidido, estudarão aqui! — determinou Lucíola.

Fez as matrículas, e as transferências poderia levar depois.

— Gostaria de saber como está o aprendizado de meus filhos, para ter certeza de que estão aptos a acompanhar a turma.

— Eles podem fazer uma prova — orientou a secretária. — Que tal amanhã às oito horas? Vocês vêm, será aplicada uma prova e veremos como estão seus conhecimentos.

— Muito obrigada! — agradeceu Lucíola. — Você está sendo gentil e atenciosa. Poderia me informar uma fonoaudióloga que pudesse nos atender?

— Claro, conheço uma boa profissional, e seu consultório é aqui perto.

A secretária lhe deu um cartão.

Lucíola agradeceu e já quis passar no consultório da fonoaudióloga, que, de fato, era perto. O apartamento realmente estava muito bem localizado e perto de muitos lugares, e tudo poderia ser feito a pé.

— Por que isso, mamãe? Por que uma fonoaudióloga? — Mariana quis saber.

— Filhos, vocês perceberam que falamos um pouco "caipira", com sotaque de cidade do interior e pequena? Não quero que isso seja motivo de gozações para vocês. Iremos nós quatro às sessões, essa profissional nos ensinará como se fala por aqui.

— Mamãe, você pensa em tudo! — elogiou Mariana.

Fizeram compras no supermercado e, no outro dia, Lucíola acompanhou os filhos na escola para eles fazerem as provas. Ela os aguardou ansiosa. Terminaram as provas e ficaram esperando. O resultado foi muito bom. A secretária os elogiou, estavam bem e com certeza não teriam dificuldades.

— Estão vendo como é bom serem estudiosos!? — a mãe orgulhou-se deles.

— A prova teve questões de diversas matérias que eles estudaram este ano, a minha foi do segundo ano — contou José Luís.

Marta fez o almoço e à tarde foram à fonoaudióloga, os quatro, e foi muito proveitoso. Ela os ensinou a pronunciar certas palavras. A profissional marcou quatro sessões. No apartamento fizeram os exercícios e pediram para Marta participar.

Da escola, trouxeram a lista de materiais pedidos e livros, eles teriam de ler durante o ano. Compraram. Na escola em que estudavam não pediam para ler; se o fizessem, era menos. José Luís pegou para ler os que sua classe lera naquele ano, eram os que Edson iria ler, e Edson fez isso com os de Mariana; Lucíola, que sempre gostou de ler, os pegou para fazê-lo com os que achou mais interessantes.

Lucíola marcou uma consulta com um cirurgião plástico e obteve boas informações. Foi com Marta. O médico, um senhor que aparentava ser uma boa pessoa, examinou Marta e concluiu:

— Penso que a senhora não queira tirar as cicatrizes da perna, que são poucas, assim como as do braço, mas se quiser poderemos fazer após as do rosto. Primeiro devem ser as do rosto. As cirurgias deverão ser feitas por etapas. A primeira, farei em torno do olho esquerdo, com certeza ele não ficará mais tão repuxado e abrirá normalmente. Soltarei a pele da orelha e também a do pescoço.

— O senhor acha que dará resultado? — Marta quis saber.

— Garanto para a senhora que sim. Porém não ficará sem marcas, e algumas cicatrizes, não há como tirar. Melhorará, talvez, uns setenta por cento.

— Ela fará! — decidiu Lucíola.

O médico falou o preço do seu trabalho, do hospital, ficaria caro. Lucíola concordou, ele pediu exames, e a primeira cirurgia ficou marcada para o mês de janeiro.

Saíram do consultório, Lucíola estava otimista, mas Marta, preocupada.

— Não é muito caro, Lucíola? Tenho algum dinheiro guardado, mas é muito pouco perto do que ele cobra.

— Você paga com o que tem, e eu, o resto. Está decidido!

Lucíola sempre se incomodou com as cicatrizes de Marta, ela tinha sua idade. Ali, naquela cidade, as pessoas a olhavam disfarçando. Agora ia ajudá-la.

Uma semana depois, com o apartamento organizado, fizeram passeios para conhecer a cidade.

Quinze dias se passaram e Alfredo foi visitá-los, chegou na sexta-feira à tarde. Foi de camionete e levou muitas coisas: verduras, legumes e frangos limpos. Lucíola somente o cumprimentou e deixou pai e filhos na sala, ela se reuniu a eles somente no jantar. Marta agora fazia as refeições com eles.

— Como está a casa? A empregada está dando certo? — Marta quis saber.

— Ela está tentando — respondeu Alfredo —, mas não chega nem perto de você. A casa está muito quieta e triste. Irei dormir num hotel, ficarei nesta cidade até domingo à tarde.

— De jeito nenhum — discordou Mariana —, você não irá para um hotel, ficará hospedado aqui, temos direito a uma vaga na garagem, guardará a camionete nela, eu irei dormir com a mamãe, e você dorme no meu quarto.

— É isso! — concordou José Luís.

— Fique, papai! Ele pode, não é, mamãe? — perguntou Edson.

— Sim, Alfredo, pode ficar — concordou Lucíola, porém demonstrou não ter gostado da ideia.

Os filhos foram contentes acompanhar o pai para que guardasse a camionete na garagem do prédio e subiram com a mala dele. Mariana fez a mudança para dormir com a mãe e arrumou o quarto para o pai. Lucíola os deixou conversando na sala. Lucíola compreendeu, ao rever o ex-companheiro, que de fato não o amava, não sentia nada por ele, nem saudades.

No sábado, pai e filhos foram passear, a chamaram, mas ela não quis ir. Vieram para almoçar e depois planejaram ir ao cinema e jantar em um restaurante. Marta e Lucíola foram com eles ao cinema, mas não foram jantar, as duas voltaram para o apartamento.

No domingo, os quatro saíram para passear e almoçaram fora. Quando eles retornaram, Alfredo quis falar com ela.

— Lucíola, irei pagar a escola deles.

— Tudo bem; se quiser, lhe envio os boletos ou pode depositar na minha conta que pagarei.

— Deposito na sua conta. Eles irão continuar a estudar idiomas?

— Sim, quero matriculá-los, assim que escolhermos a escola.

— Irei pagar também. Você está bem?

— Sim, estou, obrigada — afirmou Lucíola.

— Pois eu não estou, sinto falta de vocês, de você — queixou-se Alfredo.

Lucíola levantou para sair da sala. Mariana a informou, a garota estava eufórica:

— Mamãe, combinamos que, duas vezes por semana, em horário marcado, nós três iremos à telefônica, papai também irá na de lá, e falaremos com ele pelo telefone. Pedir a ligação daqui é mais rápido, fomos lá e verificamos, o prédio da telefônica é pertinho daqui.

— Que bom! — exclamou Lucíola.

— Vou embora agora, não quero dirigir à noite — comunicou Alfredo. — No dia vinte, as crianças irão para a fazenda para passar o Natal comigo, Marta irá também. Venha também, Lucíola, me dê essa alegria.

— Não. Já combinamos, eles irão, e eu fico.

— Sozinha? — Alfredo quis saber.

— Sim, terei de me acostumar, eles irão ficar com você em dias de férias, datas festivas, e eu fico com eles mais tempo. Tudo bem.

— Pense, Lucíola, e vá, me dará muita alegria — pediu Alfredo.

— Boa viagem de volta, Alfredo. Tchau!

Lucíola saiu da sala; no quarto, os escutou conversando, os filhos desceram com o pai e logo retornaram. Ela saiu do quarto e agiu com maturidade. Os filhos ficaram contentes com a visita do pai.

Capítulo 10

JUNTOS E SEPARADOS

No dia vinte de dezembro, Marta, José Luís, Edson e Mariana organizaram-se para ir à fazenda. Iriam de ônibus à cidade próxima, Alfredo iria buscá-los e os levaria à fazenda. Lucíola os acompanhou até a rodoviária e fez muitas recomendações. Quando o ônibus partiu, retornou ao apartamento e se sentiu sozinha.

O apartamento, com os filhos, era movimentado, sempre estava um falando, cantando ou querendo algo. Resolveu faxinar, mas acabou logo, leu, viu televisão, escutou rádio, saiu para andar pelas ruas, e os dias passaram lentamente. Como combinaram, ela foi à telefônica, no horário marcado, e ligou para eles. Assim, sabia deles, que estavam bem, encontraram-se com amigos, estavam com o pai, mas que sentiam falta dela.

No dia vinte e quatro, foi à igreja e orou muito para todos da família e não esqueceu do seu tio Basílio. Por terem diversas missas, assistiu uma e depois foi para seu lar.

No dia trinta, foi esperá-los na rodoviária. Abraçaram-se, estavam muito saudosos, era a primeira vez que ela passava dias sem eles. Falaram entusiasmados contando o que fizeram. Marta também contou:

— A casa estava do mesmo modo. Claro que eu tive de limpá-la melhor e fui eu quem cozinhei. O senhor Alfredo, por vezes, queixou-se da falta de todos e de você. Tudo deu certo!

— Ele ainda não levou nenhuma mulher para lá? — Lucíola quis saber.

— Não — respondeu Marta. — Perguntei isso por lá e me disseram que não. Eu pedi dinheiro para meus irmãos para a cirurgia; eles me deram, dois sobrinhos também, e o senhor Alfredo também me deu. Juntando tudo e com as minhas economias, é pouco, dará para pagar os exames e uma pequena parte da cirurgia.

Passaram o Ano-Novo no apartamento, fizeram somente um jantar melhor, mas o importante é que estavam juntos.

A rotina que estabeleceram voltou. Foram à fonoaudióloga e tentaram estudar sozinhos.

Marta fez os exames, tudo estava certo, a cirurgia foi marcada para o dia dez de janeiro. Lucíola se organizou para ficar com ela, e ficou mais nervosa que Marta; quando ela foi para a sala de cirurgia, Lucíola ficou ansiosa e orou muito, foi um alívio quando uma enfermeira foi lhe dar notícias: Marta estava bem, tomara anestesia geral, estava na sala de recuperação e logo iria para o quarto. E, quando ela veio, estava sonolenta, Lucíola se tranquilizou. Marta estava com a parte esquerda da cabeça e do rosto enfaixadas, a boca estava livre, assim como o olho do lado direito. Lucíola não saiu de perto dela e ficou atenta à amiga. O médico chegou, examinou-a e conversou com a acompanhante:

— Senhora Lucíola, a cirurgia transcorreu dentro do previsto, muito bem. Tentamos tirar os repuxos do rosto da paciente, o da testa e o da orelha. Fizemos o enxerto de pele que tiramos do abdômen dela. Logo a pele crescerá novamente. Com certeza, com esse procedimento, as cicatrizes diminuirão. Marta deve ficar no hospital, como foi combinado. Qualquer dúvida, chame pela enfermeira. Ela está e será medicada. Penso que não sentirá dores, mas incômodos.

Lucíola ficou atenta. Marta acordou e não se queixou de nada. Ela foi muito bem cuidada. Dois dias depois, voltaram para o apartamento. Lucíola ficara o tempo todo no hospital com Marta, e os filhos ficaram sozinhos, mas tudo deu certo. Embora sentindo dores e desconforto, Marta não se queixou; fez o repouso recomendado, e todos cuidaram bem dela. Retornaram ao médico dez dias depois, e ela recebeu alta. Como foi explicado, o rosto ainda estava avermelhado, inchado, mas logo que foram tiradas as ataduras viram a enorme diferença, Marta estava bem. Todos se alegraram com o resultado.

No final do mês, Alfredo foi visitá-los; como da outra vez, foi na sexta-feira para ir embora no domingo à tarde e ficou com eles. A visita foi agradável e os filhos gostaram.

As aulas começaram, Lucíola se preocupou se eles iriam se adaptar, mas tudo deu certo e foi um alívio quando eles afirmaram que gostaram da escola, logo fizeram amigos e passaram a estudar muito.

No feriado de Carnaval, os três foram para a fazenda, Marta não foi, o melhor era não sair ainda. Novamente foram, gostaram, e tudo deu certo na viagem. Eles foram na sexta-feira após o almoço, pois tiveram aula pela manhã, e retornaram na quarta-feira à tarde. Desta vez, Lucíola não sentiu tanto, concluiu que teria de se acostumar, mas também ficou com Marta. E, como combinaram, Alfredo os buscou, depois os levou à rodoviária, e ela telefonou para eles no domingo à tarde.

Marta se recuperou, em março fez um implante de cabelos na parte esquerda da cabeça, por ter uma falha de dois dedos; foi tirado de sua nuca. O resultado foi muito bom.

Eles compravam pães numa padaria perto. Andando dois quarteirões, iam a uma avenida movimentada de mão dupla, com um canteiro no meio. Na avenida, havia comércios e um grande hospital do outro lado, a padaria ficava a três quarteirões. Marta ia muito lá e se ofereceu para fazer uns doces, que levou para o proprietário experimentar; ele gostou, e ela e Lucíola passaram a fazer; era normalmente Lucíola quem os levava. Trocavam pelo que eles pegavam lá, pães e leite, e ainda recebiam. Marta não quis receber mais ordenado, e Lucíola comprava para ela o que necessitava. Diminuiu a despesa não pagando a padaria.

No feriado da Semana Santa, eles foram novamente ver o pai, e Marta foi junto. Ela contou que todos se surpreenderam com a melhora de sua aparência.

Vinte dias depois, Alfredo foi visitá-los. Lucíola não mais se esquivou, ficou com eles conversando, e saíram todos juntos. Alfredo a olhava e por vezes pediu que reatassem. Era o que os filhos queriam.

Marta fez outra cirurgia, desta vez nos lábios, no nariz e no queixo. Antes parecia que o nariz dela não fora atingido, depois notaram que sim, e ela passou a respirar melhor. Ficou caro, Marta se incomodou com o dinheiro que a amiga gastara. Deu certo, e o resultado do procedimento cirúrgico foi muito bom.

Na próxima, afirmou o médico, novamente fariam enxerto perto da orelha e no pescoço. Mas Marta decidiu não fazer mais.

Lucíola teve gastos, com os filhos, com a mudança e com Marta. Teve de rever suas finanças. Tinha certo o aluguel do outro apartamento. Alfredo pagava a escola e os cursos de idiomas dos filhos e, quando vinha, trazia muitos alimentos da fazenda. Marta percebeu, embora estivesse contente com o resultado das cirurgias; incomodada por Lucíola estar com pouco dinheiro, passou a fazer, à tarde, duas vezes por semana, faxinas em apartamentos vizinhos.

Os meninos planejaram passar as férias de julho na fazenda. Em junho, Alfredo chegou e, com a ajuda dos filhos, Lucíola reatou com ele. Os filhos ficaram muito felizes.

No primeiro dia de julho, todos foram para a fazenda. Lucíola alegrou-se, sentia muitas saudades da fazenda, da casa grande, de sua horta e jardim. Todos estavam contentes e planejaram que eles continuariam estudando na cidade, morando no apartamento e que Marta ficaria com eles; Lucíola ia e voltava e Alfredo também. Ela ficaria mais na fazenda.

Três dias depois que chegaram, Lucíola, querendo fazer compras, foi à cidade com Alfredo, que também precisava ir ao banco. Na cidade, separaram-se e combinaram de se encontrar num bar-restaurante, porque Lucíola queria cumprimentar a proprietária, que era sua amiga. Mas também queria contar a ela que reatara com Alfredo, porque sabia que ela espalharia a notícia. Era bom que todos soubessem.

Cumprimentou a amiga e estava tomando o café que lhe fora oferecido; a filha da proprietária do restaurante veio também cumprimentá-la e comentou:

— Surpreendemo-nos em saber que estava na fazenda. Todos nós sabemos que se separou de Alfredo. Veio com certeza trazer os filhos, não é? Você sabe que estamos juntos? Alfredo e eu.

— Ah, sim! Desde quando? — Lucíola se esforçou para ficar calma e até sorriu.

— Depois que você foi embora, Alfredo zanzou por aí; em maio nos encontramos e afirmamos nossa relação.

— Têm então se encontrado recentemente? — perguntou Lucíola.

— Sim, este final de semana passamos juntos. Sei que você veio por causa dos filhos. Mas ele é pai, eu entendo!

— Neste final de semana? — perguntou Lucíola.

— Sim. Penso que darei uma alegria para ele. Será surpresa. Acho que estou grávida. Não é maravilhoso?

Alfredo entrou no estabelecimento e, quando viu Lucíola conversando com a moça e a mãe dela, empalideceu.

— Alfredo — disse Lucíola esforçando-se muito para ficar calma —, sua namorada, amante, nem sei o que ela é para você, está me dizendo que estão tendo um relacionamento, que se encontraram neste final de semana e, surpresa: ela acha que está grávida. Maravilha! Foi bom revê-las, agora tenho que fazer mais uma coisa antes de voltar à fazenda. Alfredo, pague o café para mim. Tchau!

Saiu apressada e foi para a camionete. Ali era costume deixar o veículo aberto e a chave no contato. Ela ligou o veículo e foi para a fazenda. Estava irritada, decepcionada e sentiu raiva de si mesma por ter confiado novamente em Alfredo e por ele a ter traído. Eles já tinham reatado.

Chegou na casa da fazenda, gritou por Marta e pelos filhos, que, assustados, vieram ter com ela. Edson não estava, andava a cavalo pela fazenda. Lucíola contou, falando apressada, o que acontecera. Mariana começou a chorar.

— Voltarei agora para o apartamento. José Luís, que sabe dirigir, me levará à rodoviária, pegarei o primeiro ônibus que tiver. Vou arrumar minhas coisas; se deixar algo, que vocês levem depois.

Rápida, foi colocando seus pertences na mala. Trinta minutos depois, José Luís a estava levando para a cidade próxima.

— Sinto, mamãe — lastimou José Luís. — Penso que nós três somos responsáveis, queríamos tanto vocês dois juntos. Papai não mudou.

— Não sinta por isso e faça seus irmãos não sentirem. Fiquem na fazenda o tempo que quiserem. Eu, nunca mais, mas nunca mesmo, voltarei para Alfredo. Diga isso a ele e aos seus irmãos.

Teve que esperar por uma hora na rodoviária, e o filho ficou com ela. Foi um alívio despedir-se de José Luís e partir. Então chorou sentida. Agora estava realmente resolvida a não mais voltar com ele.

"Nunca mais! Nunca mesmo! Estávamos juntos e ele com ela. Grávida! Problema deles!"

Chegou no apartamento, colocou tudo no lugar, foi à padaria para dizer que voltaria a fazer doces. Dois dias depois, foi à telefônica no horário que combinara com José Luís. Os três filhos conversaram com ela. Eles disseram que o pai se desculpara, mas os três estavam chateados com ele. José Luís disse que voltaria logo.

— Mamãe — contou Mariana —, José Luís está lá fora me esperando, ele está chateado porque estava interessado numa garota, os dois estavam escrevendo cartas e se telefonaram; agora ele soube que ela está namorando outro. Nós estamos magoados com papai, eu estou, disse a ele que não somente

O SEGREDO

traiu você, mas a mim também. Não vamos ficar as férias todas, logo voltaremos.

— Diga ao seu pai que não irei recebê-lo mais no apartamento; se ele vier para vê-los, que fique num hotel; no apartamento, ele não entra mais.

De fato, José Luís retornou sozinho, ficou na fazenda somente oito dias. A mãe notou que o filho mais velho estava chateado. Ele ficou estudando, e o fez muito.

— Mamãe, quero estudar engenharia elétrica, e quero na universidade daqui, desta cidade. Quero e irei!

Marta, Edson e Mariana também retornaram antes do combinado, ficaram na fazenda dezoito dias.

— Mamãe — contou Mariana —, nós três conversamos e decidimos que não iremos mais interferir na vida de vocês. São nossos pais, serão sempre, não nos importa se estão separados. Fiquei magoada com papai.

— Não se magoe mais, Mariana — pediu a mãe. — Alfredo é assim mesmo, não falemos mais disso.

Mas, depois, quando sozinhas, ela perguntou a Marta:

— Você sabe o que virou o namoro de Alfredo com aquela moça?

— Penso que não deu certo. O senhor Alfredo não a quis mais, e ela não estava grávida como planejara. Ele a culpou.

— Isso é bem mais fácil: o outro que é culpado! Porém, se tem alguém com culpa, é o Alfredo. Não vamos mais falar sobre esse assunto. Temos que nos reorganizar, estou fazendo novamente os doces.

— Você gastou muito dinheiro comigo — lembrou Marta.

— Mas valeu a pena. Você está tão bem!

As aulas começaram e retornaram à rotina. Os mocinhos fizeram amizades, iam em festas, conversavam e estudavam muito. Alfredo foi visitá-los no Dia dos Pais. Os filhos, como de costume, compraram presentes para ele com o dinheiro que a mãe lhes dera. Alfredo foi no sábado de manhã e não entrou no apartamento. Os três esperaram por ele na portaria. Edson levou para o apartamento o que o pai trouxera da fazenda, as coisas que, como sempre, trazia: carnes, frutas, legumes e verduras e, desta vez, arroz, café e feijão. Isto ajudava muito nas despesas. Os quatro saíram, voltaram à noite e disseram que o pai se hospedara num hotel. Passaram o domingo juntos, e Alfredo retornou à fazenda à noite.

Os três foram à fazenda no feriado do dia sete de setembro, passaram três dias, comentaram ao voltar que o pai estava sozinho. Repetiram no feriado do dia doze de outubro. Alfredo foi no final do mês de outubro e Lucíola não o viu.

"Minha raiva está passando, com certeza na próxima visita aceitarei que ele entre no apartamento, mas dormir aqui não", decidiu.

No dia nove de novembro, recebeu um telegrama, passado pelo médico da vila, dizendo que Alfredo estava doente e que era grave. Naquele dia mesmo, ela foi para a fazenda com Edson, porque José Luís estava estudando muito, não queria perder aulas.

Ao chegar na fazenda, encontrou Alfredo acamado, ele tivera um acidente vascular cerebral.

Alfredo alegrou-se em vê-los. Cuidavam dele a empregada e o marido dela. A situação dele não era boa, falava com dificuldade, o braço esquerdo não tinha movimento, e andar, somente com alguém o amparando.

Lucíola deixou Edson com o pai, foi à cidade conversar com o médico, o agradeceu, pagou e, pelo que escutou, decidiu levá-lo para ficar com eles; na cidade em que morava, tinha ótimos hospitais, muitos médicos especialistas, e poderia ser melhor medicado.

Naquela noite, os dois, mãe e filho, dormiram com ele. Lucíola conversou com ele:

— Alfredo, você irá conosco, levaremos você a outros médicos, lá poderemos cuidar melhor de você.

Alfredo concordou. Lucíola contratou um motorista para dirigir a camionete para levá-los, arrumou o que ia levar dele e foram. Lucíola sabia dirigir, porém nunca o fizera numa rodovia e não tinha habilitação.

A viagem transcorreu sem problemas, pararam duas vezes para Alfredo descansar, andar um pouquinho. O motorista voltou de camionete e a deixou na fazenda. Os filhos e Lucíola preocuparam-se com ele. Logo no outro dia, Lucíola o levou ao hospital, onde, após uma consulta, o médico o internou. Lucíola, ao arrumar o que levaria de Alfredo, pegou todo o dinheiro que ele tinha em casa, este deu para essa despesa. Lucíola ficou com ele no hospital, onde fez muitos exames. E infelizmente os resultados não foram bons. Embora Alfredo aparentasse ser forte, não se queixava de nada, de dor nenhuma, de fato o médico afirmou que ele não devia sentir, não estava nada bem. Talvez por ele não sentir nenhum incômodo, não ia a médicos, não fazia exames. O fato é que sua pressão arterial estava alta, seu exame de sangue dera alterado, seu coração não estava bem. Lucíola o levou para o apartamento e o acomodou no seu quarto, colocou a cama de casal no quarto de Mariana e pegou as duas de solteiro que estavam no dela; ela dormiria em uma, e ele, na outra.

"Eu prometi a mim mesma não voltar para Alfredo, agora estamos novamente juntos, não mais como homem e mulher. Eu serei a cuidadora, mas estaremos juntos. São surpresas que a vida nos dá. Ele ficará conosco, e como inválido. É triste! Sofrido! Para nós todos será difícil e trabalhoso!"

Todos ajudaram. Foi um período difícil. Alfredo tinha de ter dieta alimentar regrada e ser cuidado. Foram contratados um fisioterapeuta e uma fonoaudióloga, que vinham duas vezes por semana e, nos outros dias, um deles fazia exercícios com ele.

Os gastos estavam sendo muitos.

José Luís não participou de sua formatura, disse à família que estiveram somente um ano juntos, porém não queria dar despesas extras, recebeu seu diploma na secretaria; para os colegas, justificou que, com o pai doente, não tinha clima para festejar. Ele dedicou-se mais ainda aos estudos, prestou vestibular, fez as provas para entrar na universidade e, quando acabou, passou a cuidar do pai. Passaram as datas festivas de modo simples, o importante é que estavam juntos.

Alfredo preocupou-se com a fazenda, pediu para o filho ir ver como estava. José Luís foi e não gostou do que viu. Sempre fora Alfredo quem a administrara e quem trabalhava, a fazenda sentiu sua falta. Sem ninguém para administrá-la, não estava dando lucro, não fizeram a colheita direito e não sabiam o que plantar.

José Luís não soube o que fazer; tirou o dinheiro do banco, porque seu pai, com ajuda, assinara um cheque, pagou os salários dos empregados e retornou.

Contou ao pai amenizando, mas tudo para a mãe e irmãos. Lucíola também não sabia o que fazer.

No outro dia ao que José Luís retornou, Lucíola levou Alfredo para uma consulta; quando a secretária o chamou, ela entrou sozinha, deixou Alfredo na sala de espera, queria conversar com o médico em particular.

— Doutor — pediu Lucíola —, por favor, gostaria de ser informada do estado real de saúde do meu marido. Preciso mesmo saber.

— Alfredo não está bem — o médico a atendeu. — O acidente vascular cerebral foi hemorrágico, danificou seu cérebro, e é irreversível. Ele também é portador de outras doenças; conseguimos, com tratamento, controlar a pressão arterial, os triglicérides e o colesterol, mas seu coração está doente, e é grave.

— O senhor está me dizendo que Alfredo não se recuperará? Ele é tão novo!

— É isso! Pode ser que melhore, mas não será o mesmo...

— Oh! — escutaram o médico e ela.

Os dois olharam e viram Alfredo na cadeira de rodas atrás da porta, que estava encostada.

— Ah! — exclamou Lucíola.

Ela levantou, foi até ele, empurrou a cadeira e a colocou em frente à escrivaninha do médico.

— Senhor Alfredo — disse o médico —, sinto muito por ter escutado. Talvez seja melhor. De fato, não recuperará todos os seus movimentos.

Alfredo chorou, e Lucíola o abraçou.

— Por favor, doutor, fale, quero saber — Alfredo falou com dificuldade e enrolado.

— Você está doente, iremos tratá-lo como estamos fazendo. Deve fazer tudo certo, seguir nossas recomendações.

— Serei um dependente — lastimou Alfredo com tristeza.

— Talvez melhore, mas infelizmente será um dependente. Sinto muito.

O médico o examinou, fez outras recomendações e voltaram para o apartamento. Alfredo ficou triste e pensativo. Pediu para que todos se reunissem no quarto. Falou, pedindo:

— José Luís, conte para mim o que de fato viu na fazenda.

Lucíola fez um sinal para que o filho falasse, e ele o fez.

— Vender! A fazenda deve ser vendida! — Alfredo, vendo todos prestando atenção, continuou: — Quero que vocês, Lucíola e José Luís, vão lá e conversem com Afonso, vizinho da fazenda, ele sempre quis comprá-la. Vendam-na! Por favor! Se vocês fizerem o negócio, voltem e iremos para passar a escritura.

Alfredo esforçava-se e se cansava para falar, mas eles o entendiam. Disse o que pensava que a fazenda valia e até onde eles poderiam chegar na negociação, para que fosse de fato vendida.

Dois dias depois, Lucíola e José Luís foram de ônibus para a fazenda. Admirada, Lucíola viu, em pouco tempo, o tanto que faltaram o trabalho e a administração de Alfredo. Os dois foram à casa de Afonso, ofereceram a fazenda, e ele se entusiasmou em comprá-la. Acertaram, não com o preço inicial, mas com mais um pouco do que Alfredo disse que poderiam chegar. E seria de porteira fechada. Afonso disse que mudaria para a casa, que era mais perto da cidade e melhor que a dele.

Marcaram dia para voltar, passar a escritura, e Afonso se mudaria para lá de imediato para administrá-la. Lucíola e José Luís foram à casa, separaram em duas caixas o que queriam levar e as deixaram no quarto de despejo para levá-las depois.

"Novamente", pensou Lucíola, "por problemas, a fazenda Santana está sendo vendida de porteira fechada, ou seja, com tudo. Será sina? Sinto por isso, mas não tem como ser diferente. Eu não dou conta de administrá-la, e não é justo obrigar um dos meus filhos a ficar aqui, eles não saberiam cuidar da fazenda, são muito jovens e querem estudar. Voltar para cá com Alfredo também não daria certo. Lá, ele está sendo tratado com o melhor que a medicina oferece; aqui, doente como está, não resolveria nada. O melhor foi vendê-la!".

Voltaram sem problemas e, como combinaram, cinco dias depois, com um carro alugado com motorista, voltaram à fazenda: Alfredo, Lucíola e José Luís. Pararam duas vezes para ele descansar e chegaram sem problemas. Alfredo queria retornar no mesmo dia e não queria rever ninguém nem a fazenda. Lucíola ficou com ele no cartório, José Luís foi com o motorista à fazenda buscar as caixas e contou que Afonso e a família já estavam morando lá.

Passaram a escritura, Lucíola o ajudou a assinar, despediram-se desejando sorte ao novo dono da fazenda Santana, foram embora. Alfredo estava cansado, voltou calado, repetiu que estava bem, mas entenderam que estava sendo difícil, sofrido para ele, se desfazer da fazenda.

Chegaram, Alfredo quis dormir. José Luís, ao ficar a sós com a mãe, a indagou:

— Por que, mamãe, você não teve que assinar?

Lucíola não quis mentir e esclareceu:

— Filho, é que a fazenda era do seu pai. Não quero que comente, não fale aos seus irmãos, mas seu pai e eu não somos casados. Onde morávamos, isso era comum, morar juntos; quando viemos para a fazenda, para nós dois era natural, sentíamo-nos tão casados que esquecemos. Quando Alfredo quis casar, eu já sabia que ele me traía e não quis. Foi por isso que não precisei assinar.

José Luís não comentou e entendeu.

No outro dia, reuniram-se e conversaram sobre o que fazer com o dinheiro. Resolveram dividi-lo em cinco partes, uma para cada filho, que ficariam aplicadas no banco e que seriam deles; outra parte para Lucíola; e a outra, que ficaria na conta dela e que era para as despesas de Alfredo.

Assim foi feito.

Capítulo 11

OUTRAS MUDANÇAS

Alfredo estava muito pensativo. Lucíola e os filhos tentavam entretê-lo, e ele sorria ao escutá-los, principalmente quando contavam o que ocorria com eles.

Receberam um telefonema pedindo que Alfredo ou alguém da família fosse à telefônica, marcaram dia e hora, seria dois dias depois, que Afonso queria falar com eles.

Decidiram que José Luís, Lucíola e Alfredo iriam, os dois o levariam na cadeira de rodas; José Luís telefonaria e repetiria o que escutasse ao pai, que diria ao filho o que ele teria de responder.

Foram, Alfredo ainda não havia saído, percorrido as ruas com a cadeira de rodas. Se não gostou, não comentou, muitas pessoas o olhavam e, quando isto ocorria, ele as cumprimentava e sorria.

Na telefônica, José Luís fez o pedido, esperaram por dez minutos e a ligação foi possível. José Luís conversou com Afonso.

— Menino José Luís — contou Afonso —, encontramos, em cima de um armário, uma espingarda. Quero saber o que fazer com ela.

Quando José Luís repetiu, Alfredo olhou para Lucíola e, com a mão, a lembrou do revólver escondido. Falando como sempre, disse que Afonso deveria ficar com as armas. Lucíola pegou o telefone, cumprimentou o novo proprietário da fazenda Santana.

— Senhor Afonso — disse em seguida —, tínhamos armas em casa desde aquele caso do vampiro. Aqui não precisamos delas. Alfredo lembra o senhor que comprou a fazenda de porteira fechada, elas são parte da casa. Há um revólver que fica num esconderijo. No terceiro quarto, no armário, na parte de cima, à direita, é só forçar a madeira do fundo para abrir, lá está o revólver, Alfredo disse que é para ficar com o senhor, faça delas o que quiser.

— Irei ficar com as armas, o agradeça por mim. Agora quero uma informação sobre a empregada. Ela é confiável?

— Essa moça não está há muito tempo trabalhando na casa. Foi cuidar dela quando eu vim embora e Marta veio comigo. Vou perguntar ao Alfredo.

Ela o fez, Alfredo opinou, e ela deu a resposta:

— Alfredo disse que não viu ou percebeu nada que a desabonasse.

Afonso perguntou de todos, pediu para dar abraços em Alfredo e disse que estava cuidando bem da fazenda.

Alfredo sorriu, foram embora, Lucíola o sentiu saudoso, sabia que ele amava a fazenda.

"Nada de material é de fato nosso", pensou Lucíola.

Voltaram ao apartamento, Alfredo pediu para Lucíola mostrar para ele os gastos que estavam tendo.

— Do dinheiro meu — contou ela —, do que recebi do primo, tio Basílio, resta pouco. Tenho marcadas todas as nossas despesas, vou mostrar a você.

Pegou o caderno dela, tinha realmente tudo marcado, sentou ao lado dele e foi falando com o que gastara:

— Gastei isto com a mudança, com a compra de móveis e objetos para o apartamento, com Marta e com você. Estas daqui são despesas do dia a dia: alimentos, roupas, uniforme, livros, a escola e também a de idiomas, fonoaudióloga antes para nós, agora para você, e fisioterapeuta.

— Tudo isso?! — Alfredo admirou-se.

— Todas as suas consultas são pagas, bons médicos especialistas são caros; remédios, exames, sua internação. Agora estou pegando do seu dinheiro. Marta não recebe ordenado, trabalha aqui, tem casa e comida; fazemos doces em troca de alimentos que pegamos na padaria. O certo mesmo é o aluguel do outro apartamento, que está alugado, e há anos, pelo mesmo inquilino, que paga corretamente. Com esse dinheiro, pago o condomínio, no qual estão inclusas somente a água e a energia, e sobra pouco.

"Energia que aumentou com Alfredo aqui", pensou Lucíola.

Alfredo a escutou e não falou nada. Ela tinha muito o que fazer, o deixou sozinho e pensativo.

Marta e Lucíola estavam fazendo o almoço, e a empregada comentou:

— Lucíola, eu sempre serei grata a você por tudo o que fez para mim. Temos que continuar fazendo os doces porque, com eles, cobrimos um pouquinho das despesas. Sei que temos muito trabalho, mas quero pelo menos duas vezes por semana, à tarde, voltar a fazer faxinas aqui em apartamentos do prédio. O dinheiro que receber, usarei para comprar coisas para mim, assim você não precisará comprá-las. Tudo bem?

— Você não irá se cansar demais? Faxina é serviço pesado — preocupou-se Lucíola.

— Estou acostumada, depois os apartamentos são todos pequenos.

— Sim, Marta, para mim tudo bem e espero que o seja para você.

— Obrigada! — agradeceu Marta.

No outro dia, quando o fisioterapeuta chegou, ele a chamou:

— Dona Lucíola, venha aqui um momento.

Ela foi e o moço perguntou querendo entender:

— O senhor Alfredo está tentando me dizer que quer que eu venha uma vez somente na semana. Será isso o que ele está me dizendo?

Lucíola olhou para Alfredo, que confirmou com a cabeça.

— Por quê? — perguntou ela.

— Por gastos — Alfredo tentou explicar. E disse também que ele estava fazendo exercícios com os filhos.

Lucíola explicou ao fisioterapeuta, que entendeu. Quando o moço acabou e foi embora, Alfredo mostrou o caderno e falou:

— Vamos economizar. Pronto!

Ela entendeu que este "pronto" era definitivo.

Ele fez o mesmo com a fonoaudióloga.

Lucíola passou a economizar em tudo o que podia. A dieta de Alfredo tinha itens caros, e ela não queria que nada faltasse para os filhos.

Alegria! José Luís passou na universidade, na que almejava e no curso que queria. Ficaram contentes.

— Mamãe — informou José Luís —, minhas despesas agora serão menores. A escola é cara e não irei mais pagar pelos meus estudos. Continuarei na de idiomas, pedi à escola para dar algumas aulas e fui aceito; irei dar aulas para iniciantes nas manhãs de sábado, das oito às doze horas, e não pagarei pelas que estou tendo no curso avançado. Estou falando muito bem o inglês e o espanhol. As despesas que terei agora serão com material e ônibus, terei de ir e voltar, mas terei passes para estudantes, pagarei menos pela passagem. Haverá dias que terei de almoçar por lá, mas já me informei que na cantina da universidade a refeição é barata.

Lucíola pegou na mão de Alfredo, os três filhos saíram do quarto e foram para a sala, conversaram animados.

— Criamos muito bem nossos filhos! — ela expressou orgulhosa.

— Nossos! — ele repetiu. — Lembre que... o segredo...

— Sei, lembro e sempre lembrarei.

— Amo-a! — Alfredo se emocionou.

Os dois encheram os olhos de lágrimas.

Voltaram à rotina das aulas. José Luís estava sempre aconselhando os irmãos a estudar.

— Dediquei-me no ano passado somente aos estudos, valeu a pena. Cursinhos estão muito caros. Passei, mas para isso tem que estudar.

Marta saía, dizia ter amigas que trabalhavam por ali perto e passou a fazer suas despesas, a comprar roupas com o dinheiro das faxinas que fazia, quatro vezes por semana, à tarde, em outros apartamentos no prédio.

Lucíola levava Alfredo em médicos, fazia exames, e pegava, para isso, o dinheiro dele; também o fazia para todas as outras despesas, a escola de Edson e Mariana, alimentos... E estava preocupada, o dinheiro diminuía.

Alfredo piorava, estava se cansando muito. Andava pouco e somente o fazia com alguém o amparando, tomava banho numa cadeira própria que compraram. Fazia as refeições na sala de jantar, gostava de estar com todos.

O tempo esfriou, e isto piorou para Alfredo, que passou a usar fraldas para dormir. Ele não reclamava. No início de agosto, na noite do dia quatro para cinco, ele passou mal, Lucíola quis levá-lo ao hospital, mas ele pediu que não, disse que poderia esperar pela manhã, que era somente cansaço. Embora preocupada, ela o atendeu e o ficou velando. Às cinco horas ele piorou, não abriu mais os olhos e não atendeu o seu chamado, respirava com dificuldade. Chamou pelos filhos; eles, preocupados, rodearam o pai. Lucíola chamou uma ambulância. Decidiram que ela e José Luís iriam junto, os dois se trocaram. A ambulância foi rápido, o hospital era perto, colocaram Alfredo na maca, na ambulância, e os dois foram junto. Foi atendido na emergência e, minutos depois, Alfredo morreu, desencarnou.

A atendente do hospital disse que o corpo de Alfredo poderia ficar lá até que a funerária fosse buscá-lo, que isso deveria ser providenciado e que, enquanto aguardava, ela iria arrumar os documentos necessários. Lucíola pagou o hospital, usou de cheque.

— José Luís — determinou Lucíola —, vá para casa, avise seus irmãos, pegue a roupa — ela explicou qual era — e traga aqui; quando a funerária vier buscar o corpo, eles levarão a roupa e a colocarão no seu pai; depois, volte para o apartamento e me aguardem. Vou pegar um táxi, ir à funerária e depois ao cemitério, voltarei ao apartamento quando tudo estiver organizado. Penso que o velório deve ser de poucas horas, e o enterro, hoje ainda. Não iremos avisar ninguém da fazenda nem da cidade em que moramos. Será complicado para alguém vir e nós não temos como hospedar ninguém. Assim, o velório e o enterro serão para nós somente.

— Concordo, mamãe, é o mais certo. Estamos tendo tantos gastos! O que importa é que cuidamos do papai quando ele precisou. Vou fazer o que me pediu.

José Luís voltou para o apartamento, e ela foi para a funerária, comprou um caixão intermediário e, após, foi ao cemitério, que era novo e distante, informaram que não era tão caro, e comprou uma carneira. Acertou tudo com facilidade e, de lá, do cemitério, telefonou para a funerária e marcaram o velório e o enterro. Pagou todas as despesas com cheques.

Voltou para o apartamento de táxi. Lá, choraram abraçados.

— Vamos orar para o papai — determinou Lucíola. — No velório, evitar choradeira. O velório será a partir das doze horas, vamos almoçar antes, e o enterro às dezessete horas.

Organizaram-se lentamente, todos estavam tristes. Almoçaram mais cedo e foram para o cemitério em dois táxis. Ao chegar, o corpo já estava numa sala de velório. Foi um baque ver Alfredo no caixão, os filhos choraram, depois ficaram calados. Estavam somente eles ali; na cidade, tinham somente conhecidos; os filhos, amigos da escola, e esta não foi avisada; não tinham parentes.

O tempo no velório passou lentamente; três vizinhas, moradoras do prédio, foram e levaram flores. Um homem foi, os cumprimentou, conversou com Marta, sentou-se ao seu lado, não ficou muito e foi embora. Um grupo de pessoas evangélicas, cinco pessoas, perguntaram se queriam que fizessem uma oração, Lucíola disse que sim e agradeceu. Elas leram um texto da Bíblia e oraram. Depois, chegou um grupo católico, Lucíola disse que eram católicos, eles também oraram. José Luís saiu da sala para andar um pouquinho e encontrou três pessoas que estavam orando em outro velório, ele pediu para eles irem orar pelo pai, eles foram.

Quinze minutos antes das dezessete horas, dois trabalhadores foram e pediram para eles se despedirem, eles o fizeram. Todos estavam sentidos, tristes e sofridos. Fecharam o caixão, os cinco acompanharam até a sepultura e ficaram em silêncio, vendo o que os dois trabalhadores faziam. Colocaram o caixão dentro da carneira e a fecharam. Quando tudo terminou, eles, calados, foram embora em dois táxis.

Chegaram ao apartamento e Lucíola determinou:

— Estamos cansados, devemos tomar banho, vou preparar algo para comermos, depois devemos descansar. Amanhã deverão ir à aula, devemos voltar às nossas atividades.

— Sentirei falta do papai — queixou-se Mariana.

— Todos nós sentiremos, porém devemos nos conformar, Alfredo estava sofrendo muito — lembrou Lucíola. — Ele sempre foi ativo, trabalhador, ter ficado deficiente estava sendo difícil para ele. Estava se sentindo infeliz, sentia dores, agora estará bem, e ele queria que ficássemos também.

Jantaram e foram dormir; no outro dia, levantaram-se como de costume e foram para a aula.

— Marta — contou Lucíola —, embora estivesse cansada, demorei para dormir e acordei várias vezes, como sempre estava fazendo ultimamente, para olhar Alfredo. Penso que tenho de modificar o quarto, doar roupas.

— Lucíola — lembrou Marta —, você teve muitos gastos. Venda as cadeiras, a de rodas e a de banho, aqui perto tem uma loja que negocia objetos usados.

— Preciso fazer um balanço do dinheiro que tenho. Gastei tudo o que era de Alfredo, agora terei de pegar o meu. Preocupo-me, dinheiro tirado, e não reposto, acaba.

No almoço, Lucíola conversou com os filhos:

— Gastei todo o dinheiro de Alfredo, a parte dele, conosco e mais com ele. Temos que retornar à nossa vida o mais rápido possível e sermos econômicos. Quero voltar as camas aos lugares de antes; como estão, parece que vejo Alfredo ali na cama e não consigo dormir direito.

— Mamãe — pediu Mariana —, quero somente uma cama no meu quarto, a que você dormia. Com uma cama terei mais espaço, não precisamos de duas.

Para que ficasse mais fácil para Alfredo se levantar do leito, colocaram numa cama, a que ele usava, pedaços de madeira, a fazendo ficar alta, foi um marceneiro quem os colocou.

— Podemos — observou Lucíola — tirar os aumentos e tentar vendê-la para uma loja de móveis usados. Irei tentar vender as cadeiras. Quero que vocês peguem o que quiserem do que foi de seu pai. Doarei o resto, não devemos guardar o que não é usado. Vamos fazer isso agora, após o almoço.

Foram ao quarto, pegaram tudo o que era de Alfredo e colocaram na cama. Mariana não pegou nada; José Luís e Edson, somente um agasalho cada, o relógio e carteira; os documentos, Lucíola guardou.

— Talvez venhamos a precisar.

— Posso pegar essas roupas? — perguntou Marta. — Penso que servem para uma pessoa, são as melhores e...

— Pode — interrompeu Lucíola.

Acabaram, os filhos foram estudar, Lucíola saiu, foi à loja de móveis usados e ofereceu a cama e o colchão; eles pagavam pouco, mas ela queria mesmo era ficar livre de tudo o que lembrasse a doença de Alfredo. Foi onde vendiam aparelhos ortopédicos e vendeu as duas cadeiras. Voltou ao apartamento, eles logo foram buscar. Ela colocou numa caixa os medicamentos que Alfredo tomava, e o que sobrara levou para o hospital, lá eles dariam para quem precisasse. No jantar, a casa estava modificada. Os filhos contaram que disseram aos colegas e receberam carinho. Todos estavam muito tristes...

No outro dia, Lucíola levou as roupas que haviam ficado de Alfredo, eram muitas, para uma moradora do prédio, dona Bete, que as levaria para uma assistência social. Ela era espírita.

Foram voltando à rotina anterior, a que viviam antes de Alfredo ficar com eles.

Continuaram a fazer doces, e era Lucíola quem os levava à padaria. Estava fazendo dois meses que Alfredo desencarnara, quando, em uma dessas idas à padaria, foi abordada por um homem.

— Boa tarde, senhora. Ao saber que é a pessoa que faz esses doces, são deliciosos, quero parabenizá-la.

— Obrigada!

— Por favor, não quer se sentar um pouquinho aqui comigo e tomar um café?

— É que eu...

— Por favor — pediu ele.

Puxou a cadeira para ela.

"Por que não?", pensou ela. "Tomar um cafezinho, conversar com alguém. Há muito tempo não faço isso."

— Eu sou Célio!

— Eu, Lucíola! — apresentaram-se.

Sentou-se, tomaram café, comeram bolo e conversaram.

— Está passando um filme ótimo. Não quer ir comigo ao cinema? — convidou Célio.

"O que será que esse homem está querendo? É melhor parar por aqui", pensou Lucíola.

— Hoje não posso.

— Amanhã?

— Talvez. Agora tenho que ir. Obrigada pelo café.

Levantou e saiu, mas não foi embora, entrou na loja ao lado, fingiu estar vendo roupas na vitrine e ficou olhando; viu Célio sair, entrar num carro; embora não entendesse nem se interessasse por carros, percebeu que o dele era um veículo caro. Voltou à padaria, viu o dono conversando com um cliente numa mesa e fez sinal a ele, que foi até ela, que perguntou:

— O senhor sabe quem é esse Célio?

— Sim, eu o conheço — respondeu o proprietário da padaria. — Ele está interessado em você, tem vindo aqui no horário que sabe que vem entregar os doces para a ficar olhando. Penso que hoje teve coragem de abordá-la. Ele sabe tudo sobre você, ou o que sabemos. O que quer saber sobre ele?

— O estado civil. É casado?

— Separado. Ele é um empresário, de classe média alta, penso que rico, é uma boa pessoa. Ele é benquisto.

— Obrigada!

Lucíola agradeceu, foi embora e ficou pensando:

"O que será que esse homem quer de mim? Certamente que seja amante. Não sei. Se ele sabe sobre mim, deve saber que sou honesta. Se ele me abordar novamente, irei perguntar. É melhor ser direta."

Ao chegar no apartamento, Marta quis conversar com ela:

— Lucíola, estou namorando firme. Lembra daquele homem que foi ao velório? Ele se chama Romeu, trabalha em construções, atualmente está trabalhando no prédio que está sendo construído aqui perto. Ele tem cargo de chefia. Conhecemo-nos, saímos juntos, namoramos e queremos ficar juntos. Estou gostando muito dele e penso que ele me ama. Romeu é gentil, educado, ele já foi noivo, e a moça morreu, é solteiro. Vou morar com ele.

— Marta, por que não falou antes?

— Estava esperando, não poderia deixá-los antes — disse a empregada amiga.

— Quero-a feliz. Convide-o para almoçar conosco domingo. Gostaria de conhecê-lo — expressou Lucíola.

— Ele com certeza virá.

Lucíola contou a Marta o que acontecera com ela na padaria.

— Você é muito bonita, chama atenção — opinou Marta. — Penso que é isso o que tem de fazer, seja direta com ele, e o escute. Vá, sim, ao cinema, há tempos que não passeia, está enfurnada no apartamento.

Na tarde seguinte, ao levar os doces, Lucíola viu que Célio estava na padaria e sorriu para ela, que se aproximou dele, sentou-se em frente à mesa e, após cumprimentos, disse:

— Célio, quero lhe perguntar qual é o seu interesse em mim. Qual é o real convite para ir ao cinema?

— Assistir o filme — Célio sorriu. — Lucíola, acho-a linda. Desculpe-me, mas, quando a vi, fui atraído por você, penso que sei quem é você: honesta, simples, trabalhadeira e viúva, embora recente, sei que estava separada. Quero somente a conhecer melhor, sair com você para que me conheça. Talvez namorar.

— Namorar?! — admirou-se ela.

— Por que se espanta? Acha que não podemos namorar? Sou um homem livre, fui casado, separamo-nos, tenho um casal de filhos, são adultos e tenho um neto.

— Sendo assim, aceito ir ao cinema, mas deixo bem claro que é somente ao cinema.

— Maravilha! — exclamou ele. — Tome um cafezinho comigo. Espero embaixo do prédio em que mora às dezenove horas. Tudo bem?

— A qual cinema iremos?

— Ao daqui de perto. Deixo o carro estacionado em frente ao prédio em que mora e vamos caminhando.

Ficaram conversando. Lucíola gostou de sua conversa e reparou nele. Célio deveria estar com cinquenta anos, era elegante, um pouco acima do peso, e os cabelos rareavam nas frontes, tinha os olhos pretos, demonstrava ser inteligente e culto.

Foram ao cinema, andaram quatro quarteirões. Assistiram ao filme, gostaram. Célio disse que não havia jantado e que estava com fome.

— Convido-a para uma pizza, podemos comer aqui perto.

Lucíola foi. Gostou do passeio e da companhia dele, que foi muito respeitosa.

No domingo, Romeu almoçou com eles, todos gostaram dele, Lucíola sentiu que ele era uma pessoa boa. Na quarta-feira daquela semana, Marta foi morar com ele. Todos sentiram a falta dela, e Lucíola mais, sentiu falta das conversas e também porque seu serviço no apartamento aumentou; os filhos passaram a ajudá-la, mas todos estudavam muito, principalmente Edson, que queria, como o irmão, entrar na universidade sem precisar fazer o cursinho.

Célio e Lucíola passaram a sair, iam ao cinema, restaurantes. Num desses passeios, ele ofereceu:

— Lucíola, ganhei de um supermercado um vale-compras, não costumo fazer compras em supermercado. Moro sozinho, tenho empregada, mas não tomo refeições em casa. Não o quer para você?

— Quero, obrigada.

O vale-compras era de valor alto. Ela foi e comprou muitas coisas, ficou contente e teve de voltar de táxi.

"Que economia! Que bom! Comprei tudo para dois meses e muitos itens de higiene e beleza para meus filhos."

Fez um bom jantar. Contou aos seus filhos que estava namorando, ele foi jantar com eles no sábado seguinte e foi muito agradável.

Os filhos conversaram e decidiram que a mãe era jovem ainda, viúva, que antes estava separada, mas mesmo assim cuidou muito bem do pai e que ela deveria refazer sua vida.

— Meu bem — disse Célio —, tenho um amigo, dono de lojas de roupas femininas e masculinas, que me deve dinheiro, me pediu para que eu pegasse em roupas o que ele me deve, mas as que ele vende não são do meu gosto, são mais pra jovens, roupas modernas. Quero fazer o que ele me pediu. Vou dar a você. Vá lá com seus filhos e pegue as roupas. Aí ele não me deve mais e tudo fica certo.

Lucíola hesitou, mas todos eles estavam precisando de roupas. Aceitou, e os quatro fizeram compras. O valor era alto; as roupas, boas. Ao ver os filhos escolhendo e contentes com as roupas, Lucíola ficou agradecida. Percebeu que Célio inventara tanto o vale do supermercado quanto das lojas para dar a eles.

"Célio é uma boa pessoa."

Interessou-se mais por ele e firmaram o namoro. Ele já não ia mais à padaria para vê-la e saíam quase todos os dias. Ele a convidou para viajar, foram, ela gostou da viagem e de estar com ele.

— Lucíola — pediu Célio —, venha morar comigo. Minha casa é de bairro, gostará dela. Seus filhos ficam no apartamento. Você irá lá sempre, contrate uma faxineira, compre tudo o que eles precisarem. Na minha casa, você e a empregada podem fazer comidas para eles e congelar. Tudo dará certo.

Marta engravidou, casou e estava feliz. Eles foram visitá-la, a casa dela era confortável, num bairro bom, e Romeu era de fato uma boa pessoa. O casal estava muito contente na espera do filho.

Lucíola conversou com os filhos, eles não se opuseram à mudança dela.

"Morar com Célio é uma solução; desde que estou com ele, não tem me faltado nada, e eu não usei mais do meu dinheiro."

Estava ultimamente fazendo doces somente duas vezes por semana. Ia parar, foi conversar com o proprietário da padaria e entregar os que fizera pela última vez.

Para ir à padaria, passava em frente ao hospital, que ficava do outro lado da avenida. Sempre o olhava e, naquela tarde, ao olhar, se assustou. Viu um casal e um jovem esperando uma condução. Estavam na calçada onde paravam veículos para trazer ou buscar pessoas. Gelou, reconheceu Cidão. Embora ele estivesse magro, com aspecto doente, era ele. Lucíola instintivamente colocou seus cabelos embaixo da blusa, ficou atrás de um poste e continuou olhando. Esperaram por uns cinco minutos, e ela os observando. Teve certeza de que era Cidão.

Um carro parou e eles entraram, o jovem ajudou Cidão, e partiram. Lucíola estava com o coração disparado, trêmula, foi à padaria, entregou os doces, fez o acerto, despediu-se e agradeceu o proprietário, que lamentou ficar sem os doces dela.

Voltou para o apartamento e ficou pensando no que vira, sentiu-se muito inquieta. No outro dia foi ao hospital e conversou com a atendente:

— Senhora, tenho aqui internado o marido de uma prima, ele se chama Aparecido... queria visitá-lo.

— Deixe-me consultar... Esse paciente teve alta ontem e voltaram para a cidade onde moram.

— Que pena! Queria tanto tê-los visitado. É grave, não é?

— Sim, o câncer teve metástases. Não teve muito o que fazer — disse a atendente lendo o prontuário.

— Com certeza ele morrerá logo — expressou Lucíola.

— Provavelmente.

— Obrigada!

Lucíola agradeceu e saiu. Ela tentou, pela conversa, saber o que Cidão fora fazer naquela cidade. Concluiu que, com Cidão doente, a família, a esposa e um de seus filhos, o levaram a um centro maior para tentar um tratamento e, pelo que soube, não havia mais o que fazer, então eles voltaram, retornaram à cidade em que residiam.

"Que coincidência! Não esperava ver Cidão mais nesta vida. Vi e doente!"

Lucíola passou o Natal com seus filhos, e Célio, com os dele, mas no Ano-Novo os dois viajaram. E, assim que chegaram, ela foi a um jantar e conheceu os filhos dele, todos foram muito gentis com ela, que percebeu que eles eram mais próximos à mãe, a ex-mulher dele. Deram-se bem, foi um encontro agradável.

Edson passou na universidade no curso de engenharia civil. Comemoraram. Célio os levou para jantar num restaurante chique.

As despesas de Lucíola diminuíram. Ela foi morar na casa dele. Organizou: contratou uma faxineira uma vez por semana para limpar o apartamento, lavar e passar as roupas. Ela fazia comida junto com a empregada, congelava, levava para os filhos e dava dinheiro para eles também comerem fora.

Célio passou a pagar tudo, o condomínio, a faxineira... ela fazia compras no supermercado para a casa dele e para os filhos.

Guardou o dinheiro do aluguel porque Célio pagava até a escola de Mariana e ainda dava dinheiro para ela dar aos filhos.

Na casa de Célio, Lucíola se sentia uma estranha no ninho, não conseguia sentir ser seu lar. A casa era grande, confortável, fez amizade com a empregada. Ele lhe dava muitos presentes, pedia para ela comprar roupas, às vezes a acompanhava, a queria bem-vestida, arrumada e pedia para que deixasse seus cabelos soltos. Ela o acompanhava em jantares, a reuniões com amigos dele, ia em festas, passeavam pela cidade. Às vezes sentia que ele a exibia, de fato as pessoas os olhavam, e Célio ficava contente.

Lucíola evitava filhos, não queria tê-los mais.

No momento não tinha problemas, mas ela não sabia por que se sentia inquieta.

"Talvez", pensava, "é porque não amo Célio, tenho ele como amigo, uma pessoa que está me ajudando. Com certeza, ele enjoará de mim; não importa, pelo menos ele está me ajudando neste momento difícil que está sendo meus filhos estudarem. O que me importa é que meus filhos estão bem. Os dois na universidade estudando o que querem; Mariana estudando muito, quer ser advogada. Eles têm amigos, vão a festas, saem, são ajuizados e me afirmam que estão bem. Eu não deixo faltar nada a eles, e isto graças ao Célio. Eu tenho mais do que necessito, roupas boas, nunca pensei em tê-las assim, caras. Apesar de ele gostar que seus amigos nos vejam, ele é educado e gentil. Não sei o que me falta".

Realmente Lucíola não sabia.

Capítulo 12

MAIS PROBLEMAS

Fazia sete meses que Lucíola estava na casa de Célio. Numa manhã, ele disse a ela que ia ter uma reunião importante num hotel luxuoso da cidade, que estava marcada para iniciar às nove horas da manhã e que ia almoçar lá. Ele se arrumou como sempre e saiu. Passaram-se uns quinze minutos, Lucíola entrou no quarto e viu que Célio esquecera sua pasta.

— Nossa! — expressou Lucíola. — Célio esqueceu a pasta, ela deverá fazer falta na reunião, ontem à noite ele estava separando uns papéis e colocou nela.

"O que eu faço?", pensou. "Telefonar para o hotel? Para buscá-la, ele perderá tempo e terá de sair da reunião, já são nove horas e vinte minutos. Devo levar para ele, que talvez dê falta somente quando precisar dela."

Pediu um táxi, na casa de Célio tinha telefone; foi trocar de roupa, se arrumou rápido. O táxi chegou, ela pegou a pasta, avisou a empregada e foi.

Ao chegar ao hotel, pediu para o taxista esperá-la para levá-la novamente para casa. Entrou no hotel, a entrada estava movimentada, pensou em pedir para a atendente entregar para Célio, mas concluiu:

"Talvez com tanto movimento e com todos os empregados atarefados, poderão demorar para entregar. Vou levar para ele, depois a pasta não está trancada, pode ser perigoso alguém abri-la e pegar algo dela. O melhor é eu mesma entregar para ele. Serei discreta."

Perguntou a um empregado do hotel onde estava sendo a reunião dos empresários. Ele sorriu de forma estranha e falou o andar.

Lucíola usou o elevador, apertou o botão no andar indicado. Neste andar estava um salão com mesas, parecia ser um restaurante, um salão de festas, escutou música, conversas e risos.

"O moço me informou errado", pensou ela.

Ia sair quando viu dois amigos de Célio, e um deles abraçado a uma moça. Parou e olhou, observando o local. Viu então Célio sentado em frente a uma mesa e uma garota no seu colo. Por um breve instante ela não soube o que fazer. Um dos amigos de Célio a viu, tentou avisá-lo, tirou a moça do colo dele com um empurrão que ela quase caiu. Lucíola aproximou-se da mesa andando devagar, ergueu a cabeça, parou em frente a ele e expressou:

— Encontrei sua pasta, achei que havia esquecido e que ia precisar dela na reunião, vejo que não precisaria. Trouxe-a!

Jogou a pasta em cima da mesa, virou e saiu andando normalmente. Ao passar pela porta e esta fechar, andou rápido, olhou os elevadores, viu que os dois iriam demorar para estar naquele andar, desceu as escadas quase correndo. Entrou no táxi e pediu ao taxista para levá-la de volta para casa.

Seus pensamentos estavam confusos.

"Sabia que Célio traía a esposa dele, ele me justificou que os dois não combinavam, que ela era mais velha que ele sete anos e que eles não dormiam juntos. Célio sabia que eu me separei de Alfredo por traições. Achei que Célio iria me deixar um dia, mas não tão rápido. Mentir que iria a uma reunião... O que aconteceu agora não se difere muito de quando eu vi Alfredo indo àquela casa e abraçando uma moça. Nada me prende a Célio, a diferença é esta, com Alfredo tínhamos os filhos. O empregado do hotel que me informou o andar e sorriu o fez com deboche, com certeza pensou que eu era uma das garotas."

Chegaram, Lucíola pagou o taxista e pediu:

— Se você puder esperar, irei precisar novamente do táxi, talvez seja por uns trinta minutos. Se me esperar, acerto a corrida e o tempo de espera.

— Espero a senhora — afirmou o taxista.

Lucíola entrou na casa, sua vontade era de gritar de raiva, chorar alto, mas não o fez. Chamou pela empregada e a avisou:

— Estou indo embora desta casa. Fui levar a pasta para Célio, pensei que ele iria precisar dela para a reunião. Sabe o que encontrei? Ele numa festa com amigos e muitas moças, um bordel.

A empregada a olhou surpresa, pensou por uns instantes e deu sua opinião:

— O senhor Célio traía sua esposa, pensei que com a senhora ele não ia fazer mais isso. Essas reuniões são sempre assim, durante o dia, é para enganar as esposas, que pensam que eles estão trabalhando. Não é melhor a senhora pensar melhor no que irá fazer?

— Já pensei! — Lucíola estava decidida. — Traição nunca mais! Por favor, me ajude a arrumar minhas coisas. Pegue para mim aquelas caixas de papelão que estão no quartinho de despejo e as leve para o meu quarto. Depois, nos isopores, coloque as comidas que fizemos e as leve para a porta de entrada, vá ao quarto para me ajudar.

Lucíola foi ao quarto que ocupava, tirou todas as suas roupas do armário e as colocou em cima da cama. Quando a empregada entrou com as caixas, ela pediu que fossem colocados em duas seus sapatos, e, em outra, as roupas que estavam nas gavetas. Pegou somente uma mala e colocou seus vestidos, buscou sacolas e pôs nelas o restante de suas roupas. Pegou tudo o que era dela, roupas, cremes, de fato tudo.

— Agora, por favor — pediu para a empregada —, me ajude a colocar tudo isto no táxi. O que eu esquecer, as roupas que estão lavando, por favor, me leve no apartamento.

A moça afirmou que faria o que ela pediu. As duas levaram tudo para o táxi. Lucíola pegou todo o dinheiro que Célio deixara para ela fazer compras.

"Eu mereço, talvez ele gaste mais nessas festas do que comigo."

Lucíola se despediu da empregada, agradeceu e pediu:

— Conte, por favor, para o seu patrão o que eu fiz e diga a ele que eu não quero vê-lo nunca mais, para não me procurar, porque, se eu o vir, darei um tapa no rosto. Diga que eu o odeio!

— Está bem — concordou a empregada.

— Obrigada por tudo!

Lucíola a abraçou e partiu.

No prédio, o taxista a ajudou a descarregar, deixou tudo na portaria, três caixas, uma mala, seis sacolas e dois isopores. O porteiro depois a ajudou a colocar tudo no elevador, no andar, ela tirou do elevador, deixou no corredor e depois colocou na sala.

"Tenho de me acalmar, tentar pensar sem raiva. Traiu, está traído, antes eu ser traída que trair, ser desonesta, desleal. Acabou e pronto, como dizia Alfredo quando algo estava definido. Alfredo! Será que minha sina é ser traída? O melhor é deixar isso para lá e cuidar da minha vida."

Quando ela foi morar com Célio, Mariana ocupou seu quarto, cada um deles ficou em um, eles gostaram, diziam ter um espaço que era somente deles. Lucíola decidiu ocupar o quarto que fora de Marta. Era pequeno, mas se acostumaria.

O quarto ao lado da cozinha tinha uma cama, uma mesinha de cabeceira e um armário de duas portas, o banheiro era também minúsculo, mas tinha tudo o que precisava. Ela abriu o armário, estava vazio.

"Aqui", determinou, "colocarei minhas roupas do dia a dia. Tenho muitas, porei algumas nos armários nos três quartos".

Para se distrair, foi colocando tudo no lugar.

— Pronto! — exclamou. — De volta ao lar!

Pensou no que ia fazer agora que voltara ao apartamento. Tinha de planejar, se reorganizar.

"Não poderemos mais ter faxineira, terei de planejar no que gastar. Sei que a faxineira está hoje no prédio e está marcado para ela vir aqui depois de amanhã. Vou avisá-la para não vir mais. Também irei à padaria pedir para fazer novamente os doces. Com calma, vou rever todas as despesas."

Foi avisar a faxineira, agora seria ela quem faria todo o trabalho.

Edson chegou para almoçar, estranhou ao ver a mãe. Ela contou tudo ao filho.

— Puxa, mamãe, que decepção! Célio dava a impressão de amá-la e de ser honesto.

— Vou esquentar algo para comermos.

— Hoje — disse Edson — somente eu que venho almoçar. Não ia voltar à tarde à universidade, mas vou. Um dos meus professores me ofereceu um trabalho, isto ocorre nas universidades, ele me disse que a vaga poderia ser minha porque sou esforçado, estudioso e responsável; eu respondi que ia pensar, mas iria recusar para deixar a vaga para quem precisasse, mas agora eu preciso, irei lá e farei de tudo para ficar com esse trabalho. Receberei por ele uma ajuda, uma quantia de dinheiro por mês que dará para minhas despesas. Assim não precisará ter gastos comigo. Também vou sair da escola de idiomas. O que sei é mais do que suficiente. Sinto, mamãe, por você. Não sofra!

— Não sofrerei. Estou somente indignada.

Edson almoçou e saiu. Lucíola continuava se sentindo como que eletrizada, agitada, e não conseguia voltar ao seu normal. Foi à padaria e pediu para fazer os doces novamente. O proprietário foi gentil.

— Estão sempre me perguntando dos doces que você fazia. Sim, pode fazer. Será como antes?

— Alegro-me que os queira de volta — respondeu Lucíola. — Sim, pode ser como sempre. Pego mercadorias aqui e acertamos no final do mês.

— Desculpe-me a pergunta: O que aconteceu? Voltou?

— Separei-me de Célio e não quero vê-lo mais. Voltei a morar com meus filhos.

Não estava com vontade de fazer comida e, para fazê-lo, teria de fazer compras, então descongelou uma marmita e aguardou os filhos para jantar. Admirou-se ao vê-los chegar juntos, foi somente depois que entendeu que Edson chegara primeiro e esperara os irmãos para contar a eles o que acontecera com a mãe e pensar no que poderiam fazer para ajudá-la no sustento da casa.

— Mamãe — lamentou Mariana —, eu sinto muito pelo que o Célio fez com você. Não quero que sofra, por favor!

— Pensei até em conversar com ele — disse José Luís —, porém prometemos não interferir na sua vida. Talvez eu perdesse a paciência, partisse para a ignorância e o agredisse.

— Filhos, realmente não quero que interfiram. Acabou e pronto!

— Papai falava assim! — lembrou Mariana. — Estou com muitas saudades dele.

— Mamãe — falou José Luís —, nós decidimos colaborar com as despesas. Vamos fazer um planejamento.

— Eu — contou Edson — fui aceito no trabalho na universidade, percebi que isso será ótimo para meu currículo. Saí também da escola de idiomas, já sei muito. Com o que ganharei, farei as minhas despesas e talvez dê para ajudar um pouquinho em casa.

— Eu — José Luís falou o que decidira — acabei o curso extensivo de inglês e espanhol, vou lecionar na escola de idiomas, sábado o dia todo e nas noites de quinta e sexta-feira. Também farei minhas despesas, e poderei também ajudar nas de casa.

— Infelizmente — lamentou Mariana —, não tenho agora como sair da escola, sei que é cara a mensalidade, mas faltam dois meses e meio para o final. Vou participar da formatura, está quase tudo pago. O que farei é sair da escola de idiomas, e vou estudar muito para passar na universidade. Mamãe, eu mudei de curso, não irei mais prestar advocacia, mas enfermagem.

— Mudou? Como? Por quê? — admirou-se Lucíola.

— Advocacia! — foi Edson quem respondeu. — Estudá-la complica um pouco. Mariana teria de estudar na pública, aqui na cidade ainda não tem esse curso nas universidades públicas, somente nas particulares, o que está para nós no momento fora de cogitação, pois são muito caras. Pública, há uma boa, talvez a melhor, na capital do estado, mas passar lá não é fácil, pois é muito concorrido. Morar fora fica caro.

— Não é somente por isso que mudei — explicou Mariana. — Na escola, tivemos palestras que nos esclareceram sobre profissões. Não gostei quando entendi que advocacia trabalha com leis, que estas mudam e que nem sempre são justas. Lembrei-me de quando ajudei papai doente e quero isto: ajudar pessoas doentes. Decidi mudar de curso após a palestra sobre enfermagem. Escolhi essa profissão.

— Temos duas universidades aqui na cidade, que são públicas, que têm cursos de enfermagem. Mariana tem ainda como mudar e se inscrever em outro curso. Amanhã irei com ela — decidiu José Luís.

— Quero estudar muito e passar. — Mariana estava determinada.

Lucíola olhou para a filha, era ainda muito parecida com ela, porém Mariana não gostava dos cachos dos seus cabelos, os quis na moda da época; há dois anos ela passara a alisá-los, os tinha compridos e lisos e fizera mechas loiras. Ela era muito bonita.

— É isto o que quero para vocês — Lucíola estava comovida —, foi o que eu sempre quis, que estudassem para que tivessem uma boa profissão. Eu os agradeço, filhos. Eu planejarei o que irei fazer. Nestes poucos meses, guardei dinheiro, dispensei a faxineira, voltarei a fazer doces, já acertei na padaria. O outro apartamento continua alugado. Tudo dará certo!

Animaram-se, jantaram, depois a ajudaram a lavar as louças e foram para seus quartos, porém voltaram quando Mariana exclamou alto:

— Mamãe! Você arrumou o quarto que era de Marta para ficar lá?

— Sim — esclareceu Lucíola —, quero ficar lá. O armário é pequeno, então coloquei algumas roupas minhas nos armários de vocês.

— Penso que isso não está certo — opinou Edson.

— É o que eu quero e pronto! — determinou Lucíola.

Os três a abraçaram.

— É bom estarmos juntos de novo! — exclamou José Luís.

— Muito bom! Eu a amo, mamãe! — Edson se emocionou.

— Eu a quero muito! Muito! Muito! — Mariana a beijou.

Foram dormir. Lucíola foi para o quarto. Evitou pensar. Orou.

"Ainda não chorei. Não sei por que não sinto vontade de chorar. Quero dormir."

E dormiu.

Levantou cedo e preparou o desjejum, todos se sentaram à mesa, ela pediu para eles marcarem os dias que viriam almoçar, eles o fizeram e foram saindo.

Ficou sozinha, então pegou o seu caderno, que ficara guardado, aquele em que fazia anotações. Colocou as despesas que teriam de ser feitas e o que receberia.

"Vou ter de pegar do meu dinheiro; mesmo eu não tendo de dar para José Luís e Edson, tem a escola de Mariana. Tomara que ela passe na universidade. Temos de nos alimentar. Se eu tivesse estudado, poderia ter uma profissão e ter um emprego melhor. Talvez devesse procurar um. Mas qual? O quê? Balconista, vendedora no comércio? Pesquisei, não iria ganhar mais do que ganho com os doces. Fazer faxinas? É um trabalho difícil para mim. Vou então fazer os doces com capricho para ter mais dinheiro e pegar menos do meu que está guardado. Vou agora ao supermercado comprar o que preciso para fazer os doces e a comida, irei usar as congeladas somente quando precisar ou para variar. Farei a comida."

Fez a lista e foi ao supermercado, fez o almoço e os doces; estes eram trabalhosos, precisavam ser enrolados, o ponto tinha de ser certo, e devia colocá-los em forminhas de papel. Todos, naquele dia, foram almoçar, Mariana iria estudar no apartamento, e os dois saíram. José Luís combinou com a irmã de ir com ela fazer as inscrições, mas precisavam de dinheiro, Lucíola deu, e acabou o que ela pegara de Célio.

Lucíola se organizou e dividiu o que tinha de fazer, o serviço do dia a dia no apartamento.

Três dias depois que voltara para o apartamento, recebeu a visita da empregada de Célio, que lhe levou duas sacolas com roupas, objetos que esquecera. Lucíola ofereceu um café, agradeceu e ela contou:

— O senhor Célio aquele dia deve ter voltado para casa à noite, porque, quando eu fui embora, ele ainda não havia retornado. No outro dia, ele me perguntou da senhora, contei tudo, ele coçou a cabeça, ficou preocupado, aí eu dei o recado que me pediu para dar. Ele não falou nada, saiu e avisou que não ia almoçar. Vi o senhor Célio nestes três dias somente no café da manhã, e ele está calado, parece aborrecido. Com certeza o senhor Célio virá procurá-la, penso que ele está esperando sua raiva passar.

Ela foi embora, Lucíola voltou ao seu trabalho. Não estava ficando tanto com os filhos como queria, pois eles tinham seus compromissos, ir às aulas e, se ficavam no apartamento, permaneciam em seus quartos estudando; José Luís preparava também as aulas que estava dando. Mariana resolveu estudar, trancava-se no quarto, agora não via outra alternativa a não ser passar na universidade. Mas ela saía nos finais de semana.

— Mamãe — pediu Mariana —, posso pegar emprestada aquela sua blusa cor-de-rosa? No sábado fui convidada para uma festa de aniversário de uma colega. Quero que saiba que vou pegar do meu dinheiro para os meus gastos. Decidi. Ele é para quando precisar, estou precisando. Não posso desistir da festa de formatura, falta pouco para pagar, e eles não devolverão o que paguei se eu desistir. Resolvi usar daquele dinheiro, conversei com o gerente do banco e poderei pegar para meus gastos. Afinal, estivemos, a turma, juntos por três anos, somos amigos e com certeza iremos nos separar, muitos irão estudar em outras cidades, e os que ficarem aqui farão cursos diferentes. Será nossa despedida.

Lucíola ficou indecisa e não soube o que falar, porém entendeu que Mariana estava decidida.

"Afinal", pensou, "o dinheiro é deles, a escolha agora é dela. Mas será que Mariana não é muito nova para opinar? Será que não se arrependerá por gastá-lo agora?".

— Mamãe — Mariana repetiu tentando se justificar —, este dinheiro é para quando precisar, agora estou precisando. Não é justo você acabar com o seu dinheiro comigo, para festas. Depois, usarei somente um pouco. Vi seus vestidos; se você permitir, usarei dois deles nas festas de formatura, assim como no baile. José Luís dançará comigo, ele alugará a roupa, Edson poderá ir com alguma dele, você tem roupa. Não precisarei comprar. Escolhi dois, vou experimentar e, se precisar de ajuste, a dona Bete, que mora aqui no prédio, pode fazer. Então, posso fazer isso?

— Pode, sim, escolha o que quiser e faça os reparos — autorizou a mãe.

— Mamãe, graças a Deus, estamos resolvendo nossos problemas. — Mariana ficou contente.

Embora Mariana tivesse razão, estavam mesmo encontrando soluções para as dificuldades, Lucíola continuava cada vez mais inquieta.

Estava na cozinha fazendo os doces quando sentiu algo inexplicável para ela, pareceu que recebera um tapa nas costas, assustou-se e quase perdeu o ponto do doce.

Na outra noite, sonhou, pareceu que se levantara da cama, escutou uma discussão, foi à sala ver o que acontecia. Estranhou porque parecia que sonhava, mas ao mesmo tempo que era real. Preocupou-se com os filhos. Estariam eles discutindo?

Na sala não viu ninguém, de repente sentiu alguém a pegar pelo pescoço e escutou:

— *Traíra! Mulher víbora!*

Então alguém tirou o vulto de perto dela e os dois rolaram pelo chão, lutando.

Lucíola acordou assustada, suando, apavorada, esforçou-se para se recompor; mais calma se levantou, tomou água, foi à sala, tudo estava como sempre, retornou para seu quarto e demorou para voltar a dormir.

Mariana ficou no apartamento à tarde e se queixou à mãe:

— Mamãe, não sei o que está acontecendo comigo, estou me sentindo inquieta aqui no apartamento. Estudo melhor na escola, amanhã vou ficar na biblioteca para estudar. Penso que seja a pressão para passar na universidade. Na escola eu já passei, minhas notas são ótimas, farei as provas, mas não preciso de notas para ser aprovada.

— Pressão para passar! — Lucíola suspirou. — De fato, todos nós queremos que passe, mas, se não o fizer, encontraremos uma maneira para que faça o cursinho. Acalme-se, meu bem, não se inquiete, por favor!

— Vou tentar me equilibrar. Amo você, mamãe!

— Eu também a amo muito.

Sozinha, no outro dia, Lucíola sentiu, sem entender como ou por que, que alguém estava a ofendendo. Ficou muito nervosa e teve que se esforçar muito para prestar atenção ao seu trabalho.

Novamente, na noite seguinte, teve outro pesadelo. Sonhou que estava no seu leito deitada, talvez por isso não soubesse se estava dormindo ou acordada, quando um vulto aproximou-se, colocou as mãos em seus ombros e a chacoalhou. Sentiu mais do que ouviu:

— *Como gostaria de matá-la! Infiel!*

Xingou-a.

— Meu Deus! — Lucíola não soube se falou ou se gritou.

Novamente o vulto foi afastado. Acordou chorando desesperada e exclamando apavorada:

— Meu Deus! Meu Deus!

Acendeu a luz e não viu nada no quarto. Respirou profundamente por vezes e concluiu:

— Sonhei com Cidão. Sim, era ele, e parece que quem me defendeu foi Alfredo. Estarei louca? Meu Deus!

Chamou por Deus muitas vezes. Não conseguiu sair do leito, demorou para se acalmar e não dormiu mais.

No outro dia, levantou-se cansada e, com esforço, fez todo o seu trabalho. O pesadelo não saía da cabeça:

"Será possível um morto tentar se vingar de um vivo? Cidão morreu? Quando eu o vi saindo do hospital naquela tarde, estava muito debilitado, a atendente me disse ser grave. Pode ter morrido, procurado por mim, soube que eu não morri nem os filhos, veio atrás e quer me castigar. Será isso possível?"

Após o jantar, Lucíola foi para a cozinha lavar as louças, José Luís foi conversar com ela:

— Mamãe, tive um sonho estranho esta noite. Sonhei com uma pessoa, um homem desconhecido, que me chamou por um nome estranho, diferente; como me assustei, ele tentou me acalmar. Lembro que ele me disse: "Vou contar a você". Foi realmente estranho. Depois ele falou: "Lembra das águas? Lembra da casa azul?". Aí ocorreu algo mais incomum ainda, um vulto o tirou de perto de mim. Eu acordei e veio à minha mente eu numa canoa e uma imensa extensão d'água. Então tive a impressão de escutar barulho, parecia ser de pessoas caindo, lutando, e na sala. Levantei e fui à sala; na cozinha, tudo estava como sempre. Porém, mamãe, ficou em mim a impressão de que já estive numa canoa num lugar de muita água.

Lucíola escutou atenta; no meio da narrativa, virou-se para a pia, ficando de costas para o filho; com receio de ele perceber que ela estava apavorada, se pôs a lavar as louças.

— Não, filho — respondeu com dificuldade —, você nunca, nunca mesmo, esteve num lugar assim.

— Sabe o que estou lembrando? — José Luís perguntou e contou: — Que eu sentia ser o menino que estava na canoa, mas meu cabelo era engraçado, parecia aqueles cortes que meninos usavam muito antigamente, cortado muito curto e com topete, franja ou algo assim.

— Você deve ter visto essa cena em algum filme e sonhou. Você nunca teve cabelos cortados assim.

— Mamãe — José Luís quis saber —, por que eu tenho fotos somente maiorzinho? Mariana tem as dela nenê. Edson também não tem de quando nenê.

— É porque onde morávamos tirar fotografias era mais difícil, tiramos de vocês quando mudamos para a fazenda Santana — explicou a mãe.

— Onde morávamos não tinha represa, lago ou algo assim? — perguntou José Luís.

— Não. Lá tem até falta d'água. Esqueça esse sonho bobo. Você sonhou com cena de algum filme ou de um livro que leu — Lucíola repetiu.

— Vou esquecer! Agora irei estudar. Boa noite, mamãe!

Lucíola achou que o filho ficara indeciso, não sentiu firmeza na sua resposta de que ia esquecer.

"Meu Deus!", ela se apavorou. "O que está acontecendo? José Luís era maiorzinho na época da fuga, quando forjei o acidente e fugi com eles. Antes ele não demonstrava se recordar de nada. Será que recordou? O vulto, Cidão, que o está fazendo lembrar? José Luís lembrará de mais fatos? Eu negarei sempre. Eles sabem, porque Alfredo contou a eles a briga com seus irmãos. Mas e se José Luís quiser ir lá? Meu Deus, isso não pode acontecer! Ninguém pode saber desse segredo! Será que esse segredo está me sendo cobrado? Eu sou a única que sabe. Mas, pelo jeito, mortos sabem."

No outro dia, ao levar os doces à padaria, viu Célio sentado em frente a uma mesa.

"Célio e eu! Talvez nós dois devamos ter uma conversa definitiva. É melhor que seja logo."

Aproximou-se e sentou-se na frente dele.

— Você veio aqui para me ver? — perguntou ela.

— Sim... — Célio demonstrou nervosismo.

— Penso que temos de conversar. Saí de sua casa, quase que fugida, realmente naquele momento não queria vê-lo mais.

— Está pensando diferente agora? Eu posso explicar — disse Célio.

— É difícil explicar uma traição. Traiu e pronto! Célio, você sabia que Alfredo me traía, que me separei dele por esse motivo, e tinha três filhos. Sofri com as traições dele e prometi a mim mesma que nunca mais ia me deixar ser traída.

— Lucíola — Célio tentou se justificar —, antes de ficarmos juntos, eu costumava, com amigos, fazer esses programas. Não fui mais, estava sempre sendo convidado; por insistência, acabei indo, fui somente aquela vez. Não ia fazer nada, somente beber com eles e depois iria embora.

— Célio, não importa o que você está falando, mas o que eu vi. Não quero falar sobre esse fato desagradável. Sentei aqui para lhe dizer que terminamos, não quero reatar e nada de você. Acabou e pronto!

— Você parece abatida, talvez esteja trabalhando demais, eu...

— Não quero nada de você! — Lucíola o interrompeu. — Aqui é um lugar público, você vem quando quiser. Mudarei meu horário para entregar os doces. Cada dia virei num horário diferente para não vê-lo mais.

— Por favor, Lucíola, não faça isso — pediu Célio. — Eu gosto de você, estava feliz com você em casa. Vamos conversar mais. Eu prometo nunca mais fazer algo que a desagrade.

— Chega Célio! Esta conversa está se tornando desagradável. O que aconteceu foi para mim um balde de água no meu sentimento, e deste, além de apagar, não restou nada. Não vou voltar para você, não quero mais vê-lo e por favor não me procure.

Levantou-se e foi embora.

"Foi melhor eu ser sincera. Não amei Célio, porém poderíamos ter ficado juntos, ele me ajudava, eu fiz de tudo para agradá-lo. Mas traição não! Eu não o amava, mas admirava, o queria bem, cuidaria dele se precisasse. Agora não posso nem pensar em conviver com ele novamente. Sinto nojo."

No jantar, os quatro se reuniram para conversar.

— Consegui — contou Mariana —, com ajuda de José Luís, me inscrever no curso de enfermagem.

— Isso é bom! — elogiou a mãe.

— Estou pensando em fazer um regime, não quero engordar! — disse Mariana.

— Você não está gorda, mas sim magra — observou Lucíola.

— Estou gordinha sim, tenho comido os doces gostosos que faz.

— Não está e pronto! — repetiu a mãe.

— Mamãe, você já notou que está falando muito "pronto"? Papai que tinha esse costume — lembrou Mariana.

Lucíola não respondeu e percebeu que de fato estava falando muito "pronto". Arrepiou-se.

Deitou e ficou com receio de dormir. Estava inquieta demais.

Capítulo 13

∽ O SEGREDO ∽

Naquela noite não teve pesadelo, mas mesmo assim Lucíola se sentiu inquieta e não dormiu bem. No outro dia, José Luís tomou o desjejum junto, porém iria à aula mais tarde, às nove horas. Quando os irmãos saíram, ele questionou a mãe:

— Mamãe, estou me sentindo inquieto; estou tendo muitas coisas para fazer, estudo e preparo das aulas que estou dando, e de repente vem em minha mente água, canoa, sinto que estou na canoa. Tentei lembrar de algum filme em que vi essa cena e não consegui.

Lucíola esforçou-se para parecer natural e tentou explicar:

— José Luís, fomos muitas vezes viajar, seu pai, eu e vocês, fomos à praia por três vezes. Estou lembrando agora que, numa dessas viagens na praia, havia muitos pescadores e que você gostava de ficar olhando os barcos. Alfredo comprou para você um barquinho que parecia uma canoa. O que você está lembrando deve ser dessa viagem que fizemos a uma cidade praiana. O mar é uma grande extensão de água. Você criança deve ter ficado com vontade de estar numa canoa e, na sua imaginação, você esteve. Agora lembrou.

— Puxa mamãe! É isso! Lembro do mar, de fato eu gostava de ver as embarcações. Achava tão bonito!

— E o menino — Lucíola o continuou convencendo — com o cabelo à moda antiga, você deve ter visto um garoto assim num barco, talvez quisesse ser ele para estar num deles.

— É isso, mamãe! Explicado! — José Luís exclamou contente.

O moço despediu-se e saiu, Lucíola suspirou aliviada.

"Tomara que José Luís tenha de fato acreditado e esqueça dessas lembranças."

O dia transcorreu normalmente. À noite orou muito pedindo a Deus para não ter outro pesadelo, mas teve. Novamente, sentiu-se dormindo e ao mesmo tempo acordada. Viu Cidão bravo com ela, ameaçou surrá-la, foi afastado por Alfredo, e os dois lutaram. Mesmo eles brigando, escutou Cidão:

— *Irei castigá-la, Margarida, pelo que você fez comigo. Louca! Sofri por você! Pagará por isso! Cobrarei tudo! Quero que morra para levá-la para o inferno.*

Despertou suando, tremendo e chorou. Olhou as horas, eram duas horas, ficou acordada, com medo e nervosa. A última vez que olhou para o relógio eram cinco horas, tirou um cochilo e acordou quando o despertador tocou às seis horas e trinta minutos. Levantou-se e fez tudo o que tinha de fazer.

Eram quatorze horas quando Marta foi visitá-la e levou o filhinho. Marta ficara grávida de Romeu antes de ir morar com ele. Teve o filho, uma criança linda, recebeu o nome de Alexandre.

Tudo estava bem com ela, sentia-se feliz com sua casa, com o marido e o bebê.

— Sinto muitas saudades de todos, os tenho como minha família — disse Marta. — Estou bem, feliz e devo a você. Penso que não teria namorado Romeu como eu era, com aquelas cicatrizes. Romeu me ama, tenho um lar e estou feliz. Lucíola, estou achando você muito abatida. Se é por causa do Célio, volte para ele.

— Não é o Célio, nem lembro dele — afirmou Lucíola.

— O que é então? Talvez eu possa ajudá-la. Podemos, como já fizemos muitas vezes, juntas, encontrar uma solução. Não quer me contar o que a está preocupando?

Marta deixou Alexandre no carrinho e se pôs a ajudá-la a enrolar os doces. Nisso, o bebê sorriu e olhava fixamente para um lado, onde, para as duas, não havia nada.

— Por que ele está sorrindo? — perguntou Lucíola.

— Não sei, parece que alguém brinca com ele. Lucíola, por favor, o que está acontecendo? — Marta quis saber.

— Não sei ou penso que sei. É melhor explicar — Lucíola tentou se fazer compreendida. — Marta, tenho tido pesadelos, todos nós aqui temos ficado inquietos, o único que não se queixou foi o Edson.

Marta fez o sinal da cruz e opinou:

— Será que o senhor Alfredo não encontrou o seu lugar do outro lado e está aqui?

— Será? — Lucíola respondeu demonstrando seu desânimo, não quis falar o que sabia, não podia.

— Lucíola — lembrou Marta —, a dona Bete, do terceiro andar, é espírita. Vamos lá, e agora. Vamos perguntar a ela o que fazer. Ela saberá nos orientar. Vamos!

— Agora?

O SEGREDO

— Agora, já! — decidiu Marta. — Deixemos os doces, depois você os enrola, eu a ajudo.

Lucíola tirou o avental, Marta pegou o carrinho e saíram, desceram pelo elevador. Lucíola bateu na porta do apartamento de Bete.

— Tomara que ela esteja — rogou Marta.

Bete abriu a porta, Marta se recusou a entrar, falou rápido do porquê foram.

— Dona Bete, no apartamento de Lucíola deve ter algo estranho. Penso que é um espírito, uma alma, o ambiente está estranho, e Lucíola tem tido pesadelos. A senhora pode nos ajudar?

— Estou indo ao centro espírita que frequento daqui a vinte minutos. Temos um trabalho que começa às dezesseis horas e vai até as dezoito horas, é um atendimento fraterno. Venha comigo, Lucíola, lá eles a ajudarão.

— Ela vai! — determinou Marta. — Vamos rápidas, Lucíola somente trocará de roupa. Espere dona Bete, que ela irá com a senhora. Muito obrigada!

Marta puxou a amiga para o elevador e depois pediu:

— Vá, Lucíola, por favor, os espíritas estudam esses fenômenos; para eles, o que está acontecendo com você é algo que eles entendem e resolvem, eles a ajudarão. Troque de roupa e vá com dona Bete. Leve dinheiro para se precisar voltar de ônibus. O centro espírita que ela vai é longe. Eu vou ficar aqui, irei enrolar os doces para você e, quando voltar, os entregará na padaria. Romeu vem me buscar às dezessete horas. Espero enrolar todos, mas, se eu não terminar, ficará fácil para você acabar.

Marta não deu escolha para a amiga, que fez o que ela propusera: se trocou, voltou ao apartamento de Bete, que a esperava, e foram. O marido de Bete a levaria e depois a buscaria, porém a vizinha ficaria até mais tarde, à noite, para assistir a uma palestra. Lucíola voltaria de ônibus.

Lucíola estava se sentindo tão inquieta, ansiosa, que, ao chegar, nem prestou atenção no local. Bete pediu para ela sentar, ela o fez e sentiu vontade de sair dali, e correndo, mas não o fez, estava com as mãos geladas. Viu Bete conversar com umas pessoas, uma senhora aproximou-se dela e a convidou:

— Venha, senhora, vamos à sala de atendimento. Por aqui!

Lucíola levantou e seguiu a mulher. Entraram numa saleta onde somente havia cadeiras. A mulher fez sinal para Lucíola sentar e gentilmente perguntou:

— O que está acontecendo, senhora?

Lucíola ergueu a cabeça e viu seis pessoas, quatro mulheres e dois homens na sala e de pé.

— Estou passando por um período difícil — respondeu Lucíola e resolveu explicar: — Estamos, meus filhos e eu, inquietos no apartamento em que moramos, escutamos barulhos, temos tido sonhos estranhos, e eu, pesadelos; estou nervosa e inquieta.

A senhora que estava ao lado dela ergueu as mãos acima da cabeça de Lucíola. Então, dois desencarnados se manifestaram em duas médiuns, e falaram por elas:

— *Eu tento defendê-la!*

Lucíola sentiu ser Alfredo.

— *Não interessa!* — falou o outro através da médium. — *Irei castigá-la! Desfazer o que de errado foi feito. Ninguém irá me impedir de me vingar!*

Ele se expressou irado, porém a médium, educada na sua mediunidade, além de não repetir impropérios, xingamentos, também o controlou, porque a vontade daquele desencarnado era agredir Lucíola, e ela percebeu que era Cidão; ele continuou a falar:

— *Você me pagará!*

— *Não vou deixar!* — a médium repetiu o que Alfredo falara. Lucíola sentiu medo e vontade de sair dali correndo. A mulher que estava ao lado dela pegou na sua mão e a olhou com carinho. Ela então se sentiu mais segura.

Um doutrinador conversou com os dois desencarnados, os orientando.

— Você, meu amigo — dirigiu-se a Alfredo. Ali naquela sala, dos encarnados, somente Lucíola sabia os nomes dos dois —, não precisa mais defendê-la, agora nós o faremos.

— *Preocupo-me! Tenho de protegê-los! Não posso ir. Não sei nem para onde* — lastimou Alfredo.

— Você, meu amigo — o doutrinador queria ajudá-lo —, será levado para onde as pessoas vão quando o corpo de carne e ossos, o físico, morre. Vocês dois sabem que tiveram a morte do corpo material, que morreram, faleceram, desencarnaram. Estou os convidando para ir para um lugar para estudar e compreender como é essa continuação de vida, porque a vida continua.

— *Não me chame de "amigo"!* — expressou o outro desencarnado (Cidão) no intercâmbio mediúnico. — *Não sou seu amigo nem de ninguém aqui. Odeio você, Margarida! Odeio! E também esse outro aí. Traidores! Merecem minha vingança!*

— Você também irá embora — o doutrinador foi firme. — Vamos levá-lo para um local onde aprenderá a amar. Esqueça essa vingança. Você não poderá mais se aproximar dela.

— *Aprender a amar? Eu a amei. Agora que eu a encontrei não saio mais de perto dela. Vou surrá-la e na sua frente. Quem se intrometer apanha junto. Abelhudo! Quem vocês pensam que são?*

O doutrinador aproximou-se da médium, fez um sinal com a mão.

— *Não me amarre! E... Por que não consigo xingá-los como merecem?*

A médium repetia o que Cidão queria, porém a trabalhadora filtrava porque se educara para o trabalho de orientação.

— Aqui é um lugar de respeito e ordem — explicou o doutrinador calmamente, mas com firmeza. — Amarramos você para que se comporte. Você será levado para um lugar onde aprenderá a perdoar para ser perdoado. Por acaso você não precisa de perdão?

— *Não preciso e não quero pedir perdão. Pare com isto! Não quero me lembrar de certas coisas. Não quero ser convencido de que eu é que sou errado. Fiz e está feito! Ela tinha que aguentar. Pare com isto! Não gosto dessas lembranças.*

— Pois deve lembrar — argumentou o senhor que estava doutrinando. — Foi você que fez, são seus atos; é delas, de suas ações, que terá de dar conta e não das dos outros.

— *Margarida! Infiel! Não me conformo por ter sofrido por você!* — exclamou a médium, repetindo a lástima de Cidão.

— Agora os dois irão embora, cada um para um lugar — determinou o doutrinador.

— *Eu o agradeço por vocês nos ajudarem* — a médium repetiu o que Alfredo falara. — *Eu quero ajuda, mas se ele voltar infelizmente terei de voltar também, não posso deixá-lo fazer o que quer. Não posso! Devo isso a eles. O se... tá...*

Lucíola entendeu o que Alfredo queria dizer: "se" de segredo e, depois, jurou "tá" jurado; em pensamento ela disse a ele: "Fique tranquilo, Alfredo, eu não irei quebrar minha promessa".

— Vá tranquilo, amigo, nós os ajudaremos — afirmou o doutrinador.

Os dois desencarnados se afastaram das médiuns, foram levados embora. A equipe encarnada rodeou Lucíola e lhe deu um passe. Ela se sentiu aliviada, como se retirassem dela um peso enorme, respirava melhor.

A mulher que a conduzira à sala e pegou na mão dela, lhe dando segurança na sala de atendimento, ajudou-a a se levantar e a conduziu ao salão da frente.

— Sente-se aqui, vou pegar água para você.

De fato a senhora retornou logo em seguida e ofereceu um copo d'água. Lucíola tomou.

— Você entendeu o que ocorreu? — perguntou a senhora.

— Parece que um espírito queria me castigar e o outro me defender, que penso que era meu marido — respondeu Lucíola.

— Sim, era mesmo, um querendo atormentá-la e o outro defendê-la. Como você se chama? Eu sou Lúcia.

— Chamo-me Lucíola.

— O desencarnado que queria vingança a chamou por outro nome: Margarida. Deve ter sido seu nome em reencarnações passadas. Esse desencarnado não via, não queria nem lembrar o que ele fez de errado, mas lembrava o que fizeram a ele. Quando desencarnamos, termo que nós espíritas usamos para nos referir a quando o corpo físico morre, continuamos no Além com as nossas qualidades e vícios, e estes somente eliminamos quando queremos. Quando ocorre a desencarnação, recebemos de imediato o reflexo de como vivemos encarnados. O amor continua e infelizmente o ódio também. Seu marido desencarnou, talvez preocupado com vocês, saiu de onde estava e veio para ficar perto, então encontrou o outro desencarnado que queria se vingar de você e os dois se enfrentavam. Ambos precisaram de orientação. O que queria ajudar tentava, sem conhecimento, porque somente ajudamos de fato quando temos conhecimento e permissão; ele se perturbou, de fato a protegia, mas a perturbação dele também causava transtorno.

O outro desencarnado estava muito confuso e queria se vingar. Quando não perdoa, sente mágoa e quer se vingar, o ser assim espera a oportunidade para maltratar o seu desafeto. Pode demorar, às vezes, por não encontrar o desafeto e, quando encontra, quer se vingar.

— Será que ele voltará? — Lucíola sentiu medo.

— Penso que não. Porém agora, você sabendo onde procurar ajuda, se sentir algo nesse sentido, volte aqui e novamente a ajudaremos.

— E se eu vier aqui sempre? Não posso? — perguntou Lucíola.

— Será um prazer recebê-la — respondeu Lúcia. — Sim, pode vir. Temos nas quartas-feiras à noite, às dezenove horas, cursos de estudos. Temos duas turmas, para os iniciantes e para os que querem trabalhar fazendo o bem com a mediunidade. Por que não vem? Com certeza você entenderá muitas coisas. Gosta de ler? Temos na nossa pequena biblioteca muitos livros; se quiser, pode pegar livros emprestados.

— Quero, sim, vou escolher um romance.

— Romances são ótimos para aprender.

Lucíola pegou dois livros, informou-se sobre horários de ônibus, despediu-se agradecendo. O ponto de ônibus ficava a três quarteirões, pegou um e voltou para o apartamento.

Chegou sem problemas, viu que Marta tinha ido embora, mas que enrolara quase todos os doces. Ela acabou, fez o jantar e depois levou os doces à padaria.

Sentiu o apartamento diferente, tranquilo. Dormiu a noite toda e, no outro dia, no desjejum, tanto Mariana como José Luís comentaram que dormiram bem e que o apartamento parecia diferente.

"De fato está tranquilo e harmonioso", concluiu Lucíola.

— Filhos, fui ontem a um centro espírita, recebi o passe e me senti bem. Voltarei hoje à noite para estudar, quero entender o que é o espiritismo. Penso que vou gostar. Deixarei o jantar pronto, vou e volto de ônibus, devo chegar depois das vinte e uma horas.

— Que bom que foi, mamãe — comentou Mariana. — Eu dormi bem esta noite, e aqui, o nosso lar, parece estar em paz. Vá e ore por nós.

Lucíola passou o dia bem, fez seu trabalho com mais rapidez e foi ao centro espírita. Chegando lá, encontrou muitas pessoas, homens e mais mulheres no salão. Pelo que entendeu, no horário marcado, oraram e depois os grupos se dividiram, indo para salas diferentes.

Um homem fez a oração. Lucíola o olhou e não conseguiu prestar atenção na oração, sentiu-se atraída por ele. Soube que ele se chamava Nelson.

"Ele não tem nada de mais, é simples, pessoa comum, cabelos castanhos, assim como os olhos, usa óculos, mas tem carisma. Tomara que ele esteja no grupo de que farei parte."

Mas não estava, ele dava aulas para a turma adiantada.

Lucíola gostou demais do que escutou na aula. Rosalén, a dirigente, permitia perguntas, e ninguém saía com dúvidas.

A aula foi sobre obsessão. Rosalén deu algumas definições:

— No livro *Crônicas de um e de outro,* de Hermínio Miranda e Luciano dos Anjos: "Obsessão é a influência de espíritos maus sobre qualquer pessoa, visando a atormentá-la e fazê-la praticar atos ridículos e maléficos... Toda obsessão, porém, é recíproca, dividindo-se a culpa entre o agressor e o agredido". Também outra que penso que define bem o que seja obsessão, irei citar somente um texto. Temos esta obra na nossa biblioteca, e vocês podem pegar para ler. É o livro Nos bastidores da obsessão, de Manoel Philomeno de Miranda, psicografado por Divaldo Pereira Franco: "Obsessão é o domínio que alguns espíritos logram adquirir sobre certas pessoas. Nunca é praticada senão pelos espíritos inferiores, que procuram dominar".

Rosalén continuou a explicar:

— Encontramos muitas explicações sobre esse tema e de muitos outros assuntos importantes nas obras de Allan Kardec. Os livros dele devem ser lidos, relidos e estudados sempre.

Pelas perguntas e respostas, Lucíola compreendeu que o obsessor se conecta com o obsediado, estuda as deficiências daquele que irá obsediar e ataca seu ponto fraco. Exemplo: se uma pessoa não tem índole assassina, obsessor nenhum o faz matar alguém. Isso ocorre com roubos, drogas, mas pode perceber que o outro fofoca e fazê-lo, com isso, arrumar brigas e fazer de sua vida uma discórdia; o outro vê o ponto fraco em melindres, se por qualquer coisa se ofende ou tem tendência a ofender, e quem magoa é magoado.

"Será que Alfredo influenciou Célio a me trair?", pensou ela.

— Rosalén, um desencarnado pode influenciar uma pessoa a trair outra? — perguntou Lucíola.

— Sim, porém somente consegue se o influenciado tiver tendências, como já citamos. Quero deixar claro que, se fizermos algo de errado por influência, ambos, o obsessor e o obsediado, têm as mesmas responsabilidades, ou seja, erramos. Não se esqueçam que todos nós temos livre-arbítrio e atendemos a quem queremos. Podemos, todos nós, escutar sugestões e optar por uma ou nenhuma. Ser obsediado é se afinar com o obsessor. Muitas vezes não é preciso ser obsediado para aceitar ou não sugestões. Muitas sugestões são dadas e que não são obsessões. Ódio, mágoas, são laços fortes. Depois, se tem sempre como se livrar de ataques maldosos de desencarnados: orações, bons pensamentos, fazer o bem e procurar ajuda, quem procura auxílio sempre encontra.

— Recebemos sugestões também de encarnados, não é? — quis saber uma aluna.

— Com certeza — explicou Rosalén. — Vocês estão aqui estudando um tema, alguns podem pensar que estão sendo influenciados a pensar sobre a possibilidade do que pode ocorrer conosco. É uma boa influência. Influências, boas ou não. Uma pessoa encarnada pode lhe sugerir algo que resultará em um mal para alguém. E você pode acatar qualquer sugestão, por isso tem o livre-arbítrio. Que possamos aceitar somente as boas!

A aula terminou, os dois grupos se encontraram no salão e foram saindo, cinco pessoas iriam pegar o ônibus. Lucíola foi com elas, se apresentaram. Ela se alegrou, três pegariam o mesmo ônibus, que iria para o centro da cidade. Esperaram conversando. Ela desceu perto do seu apartamento, caminhou dois quarteirões e chegou ao seu lar às vinte e uma horas e trinta minutos.

Deitada, pensou muito no que ocorrera, nas explicações que escutara e concluiu:

"Cidão desencarnou e com certeza quis se encontrar com os filhos e comigo, ele disse me amar. Que amor confuso, que me fazia infeliz, me prendia na casa do lago e me surrava. Como Lúcia me explicou, ele, como muitas pessoas, via somente o que eu fiz a ele e não o que ele me fez. Teve seu corpo físico morto, me procurou e me encontrou viva, encarnada, com os filhos. Novamente Cidão não pensou em ninguém além dele, nos atormentou; não pensou que os filhos, sem mim, iriam passar por necessidades, tornariam-se órfãos se eu morresse como ele queria. Porque, com certeza, se continuassem aqueles ataques, eu ficaria doente em pouco tempo. Que amor confuso, errado! Bem... o amor não é errado, são as pessoas que confundem o amor e não sabem amar. Alfredo, com certeza, nos vendo com dificuldades, veio nos ajudar e, sem saber como fazê-lo, piorava a situação. Os dois brigavam, piorando as energias do apartamento e as nossas. Alfredo me amou, errado também, talvez por ser diminuído pelos irmãos e por não poder ter filhos, com certeza queria provar a si mesmo sua masculinidade. Também me fez sofrer. Espero que os dois fiquem onde devem ficar e não voltem, principalmente Cidão. Alfredo me alertou sobre o nosso segredo. Algo que Cidão queria era fazer José Luís se recordar. Espero que tudo volte ao normal. Irei frequentar o centro espírita, estudar, assistir palestras, receber passes; assim, se Cidão conseguir voltar, ele será rapidamente afastado de mim e levado de novo para onde deve ficar. É isto que farei."

Orou agradecida.

Aliviada, sentiu que seu lar voltara ao normal. No sábado, ela foi assistir a uma palestra e receber o passe e, com ela, foram Edson e Mariana; José Luís não pôde ir por lecionar. Ela viu Nelson, se olharam. Assistiram à palestra, receberam o passe e voltaram de ônibus. Os três gostaram muito, sentiram-se bem.

Na quarta-feira seguinte, Lucíola foi e estava gostando demais das aulas, dos temas abordados. Quando terminou, Nelson ofereceu:

— Hoje somente vocês três pegarão o ônibus, três mulheres, irei acompanhá-las ao ponto. Celeste — dirigiu-se a uma moça —, vá com Cláudia, ela lhe dará uma carona. Vamos, meninas!

Lucíola reparou em Celeste, uma moça que estudava em outra turma, e, pela sua expressão, não gostou da sugestão. Nelson caminhou na frente e foi com elas conversando. Lucíola ficou ouvindo. Ela e Nelson trocaram olhares, Lucíola sentiu o coração bater mais acelerado.

O ônibus chegou, agradeceram Nelson e se despediram; Lucíola sentou-se ao lado de Celina.

— Nelson é casado? — perguntou Lucíola curiosa.

— Foi, ele é viúvo, deve estar fazendo quatro anos. A esposa dele, a Maria Júlia, era doente, não tiveram filhos.

— Ele não se casou de novo? — perguntou Lucíola.

— Não! Pretendentes é que não faltam. Celeste, sua ex-cunhada, irmã de Maria Júlia, é uma, ela já fez o curso três vezes, é a quarta vez que faz, penso que para vê-lo e demonstrar seu interesse, mas parece que não está dando certo, Nelson não demonstra interesse por ela.

Chegou ao apartamento, foi se deitar e ficou pensando em Nelson. Dormiu tranquila.

Capítulo 14

～ UM AMOR ～

No sábado voltaram novamente ao centro espírita, Marta e Romeu foram também. Todos estavam gostando e querendo aprender.

— O que escutei — comentou Edson — fez muito sentido. Com certeza o espiritismo nos leva a compreender muitas coisas.

— Eu também sinto isso. Quero ser espírita! — afirmou Mariana.

Lucíola estava aliviada; tudo, todos voltaram ao normal, estavam tranquilos e dormindo bem, Mariana estudava em seu quarto e estava otimista. José Luís não teve mais lembranças dele pequeno; de fato, era Cidão que estava tentando fazê-lo lembrar.

"Graças a Deus!", agradecia Lucíola.

Na quarta-feira, Rosalén faltou e avisou duas horas antes do horário, seu esposo sentira um mal-estar e fora internado. Uma outra trabalhadora fora chamada para dar aula e o faria para o grupo A, dos mais adiantados, e Nelson foi dar aula para a turma B, em que Lucíola estava.

— Não preparei a aula — Nelson foi sincero. — Então vamos ter hoje uma aula diferente. Perguntas e respostas. Vocês indagam, e eu tentarei responder; as que eu não souber ou tiver dúvidas, prometo pesquisar e as responderei na próxima aula.

Foram feitas perguntas sobre diversos assuntos e Nelson respondia explicando. Estava sendo muito proveitosa a aula. Lucíola indagou:

— Ainda não consegui entender a parábola do servo ou feitor infiel. Já escutei duas explicações, mas não compreendi.

— De fato, essa parábola, que é também conhecida como "o administrador desonesto", pode ser incompreendida. Vou pegar a Bíblia na biblioteca para lê-la.

Nelson saiu da sala e voltou em seguida com a Bíblia.

— Penso que está no Evangelho de Lucas.

Procurou e logo encontrou.

— De fato, está em Lucas, capítulo dezesseis, versículos de um a treze.

Nelson leu o texto e, após, explicou:

— No tempo de Jesus, e isso ocorre até os dias atuais, uma pessoa, dona de muitas terras, porém pode ser até de um pequeno pedaço, pode arrendá-la a outros. Nessa parábola, um senhor, grande proprietário, arrendou suas terras para diversas pessoas e recebia por isso: um dava o azeite, com certeza plantava azeitona; o outro, trigo; talvez uvas para vinho etc. E, para tomar conta de tudo para ele, tinha um administrador. O senhor descobriu que esse administrador estava "dissipando seus bens". Quero chamar a atenção para esta palavra: "dissipando". O significado de "dissipação" é "desperdício", "desbarato" de bens, "desregramento". "Dissipado" significa "gasto"; "dissipador", esbanjador. Então esse administrador desperdiçou, esbanjou, usou mal os bens. O senhor ia chamá-lo às contas. O administrador, servo, pensou, se fosse demitido, no que iria fazer, e concluiu que alguém poderia ajudá-lo. Assim, ele chamou esses arrendadores, devedores do senhor, e fez suas dívidas serem menores. O senhor viu o que ele fizera e louvou o feitor íntegro por ter procedido prudentemente. Aí que está a causa da incompreensão e do desapontamento, e muitas pessoas chegam a duvidar de que foi Jesus que tenha proferido essa parábola.

Nelson fez uma pequena pausa e voltou a explicar sua conclusão:

— Será que todos nós não somos como o administrador? Será que o Senhor da Terra, nosso Pai, Deus não nos deu muitas coisas, ou uma, duas, quantas sejam para administrar? O dom da fala, da inteligência, locomoção, ações etc. E nós temos sido honestos nessas administrações? Será que não estamos fraudando nada? Dissipando? Gastando inutilmente? Chegará o dia que o senhor nos chamará para prestarmos conta e aí será que faremos como esse servo? Ele fez a caridade. Pensou que quando fosse precisar teria quem o ajudasse. Por essa parábola, Jesus nos aconselha que, quando precisarmos ou quando viermos a desencarnar, tenhamos alguém grato para nos receber nos tabernáculos eternos, ou seja, no Plano Espiritual. Usar para fins espirituais os bens materiais. Objetos não são bons ou maus. Quem os usa que o é. Uma faca pode ser útil nas mãos de uma pessoa e, em outra, ser usada para ferir ou matar. O dinheiro também, pelo nosso livre-arbítrio, fazemos com ele atos bondosos ou maldosos. O dinheiro é neutro, porém não o são atos que fazemos com ele. Podemos, por atos caridosos, granjear amigos, que nos socorrerão quando desencarnarmos ou até mesmo encarnados.

" Normalmente a dificuldade, penso, de nós encarnados, é assumir a atitude correta com os bens materiais, em administrar bens, os dons recebidos de Deus. Jesus nos recomendou o uso correto de todos os bens e que não são eles (os bens materiais) que granjeiam amigos no mundo espiritual, mas o uso correto que fazemos deles."

Lucíola escutou admirada. Todos entenderam e outras perguntas surgiram. A aula terminou e todos gostaram.

No apartamento Lucíola pensou:

"Nunca estive interessada em uma pessoa como estou em Nelson. Com Cidão nem deu tempo para interessar ou amá-lo, fui escolhida por ele. O mesmo ocorreu com Alfredo e com Célio, porém está sendo diferente com Nelson."

Quinta-feira à tarde o porteiro tocou o interfone para avisar que era um entregador.

"Será algo de Nelson?", pensou esperançosa.

Disse que era para subir e, ao escutar o elevador parar, abriu a porta e se defrontou com Célio. Por uns instantes não soube o que fazer. Ele estava com flores na mão e uma caixa de bombons.

— Entre! — convidou Lucíola.

Ele o fez, e ela fechou a porta, pegou os presentes que lhe foram oferecidos e os colocou em cima da mesa; sentou-se numa poltrona e fez sinal para ele se sentar em outra.

— Lucíola, eu a amo — Célio se declarou. — Quero reatar com você. Volte para mim! Sei que você tem ido a um centro espírita, fui lá e, ao ser atendido, entendi que aquela minha atitude foi influenciada. Não tinha, não tive intenção de traí-la. Assim...

— Célio — Lucíola o interrompeu —, sei que isso pode ocorrer. Porém temos nossa vontade, fazemos o que queremos. Você tem me seguido?

— Eu queria saber o que você estava fazendo — Célio tentou se justificar.

— De fato tenho ido a um centro espírita e gostado, me encontrei na Doutrina de Kardec, tem sido bom para mim. Célio, de fato senti, sofri com o que ocorreu. Mas agora não tem importância. Não quero, não vou reatar com você. Realmente terminamos.

— Mas, Lucíola, eu...

— Sinto muito — ela o interrompeu. — Não é não! Separamo-nos de fato, e não tem volta. Quer levar os presentes?

— Não, eu trouxe para você.

— Obrigada!

Lucíola se levantou e abriu a porta. Célio não teve outra alternativa e saiu. Ela fechou a porta, colocou as flores num vaso e deixou a caixa de chocolate para que todos juntos comessem de sobremesa.

"Talvez", pensou ela, "Célio me ame mesmo ou não goste de perder. Alfredo pode realmente tê-lo influenciado, mas se isso ocorreu é porque Célio se afinou com a ideia, ele traía sua esposa. O fato é que eu não quero voltar para ele, de jeito nenhum, ainda mais agora que estou interessada em Nelson. Espero que Célio tenha entendido e que me esqueça."

Viu Nelson no sábado no centro espírita, na quarta-feira Rosalén voltou a dar aula e ela ficou sabendo que teria somente mais uma aula e depois os grupos de estudos entrariam em férias; na última aula, como de costume, fariam uma festinha. As palestras e os passes parariam somente na semana do Natal e Ano-Novo, mas o Atendimento Fraterno não pararia. Quando terminou a aula, Nelson informou:

— Celina está com o pé machucado, irei levá-la para casa, subir e descer do ônibus não é aconselhável. Assim, hoje levarei para casa todos que pegam ônibus.

Lucíola gostou e percebeu que Celeste não.

Nelson ajudou Celina a se acomodar na frente, os outros se acomodaram atrás. Foram conversando alegres. Nelson fez o trajeto os levando às suas casas. Lucíola percebeu que ele poderia ter passado no prédio que morava, mas não o fez. Ficaram somente Celina e ela, pararam em frente à casa de Celina e Nelson pediu:

— Lucíola, me ajude a descê-la.

Ela o fez, despediram-se de Celina, e Nelson voltou a pedir:

— Sente-se aqui na frente, senão parecerei um táxi.

Lucíola se sentou e ele dirigiu para o centro da cidade.

— Eu ainda não jantei — comentou Nelson —, estou com fome, saio do trabalho e vou direto para o centro espírita, estou sem vontade de fazer algo para jantar. Já que estou no centro da cidade, vou comer uma pizza. Você não me acompanha?

— Claro! Mas...

— Eu a convido e pago. — Nelson pareceu adivinhar que ela não estava com dinheiro.

— Sendo assim, é um prazer.

Foram a uma pizzaria, escolheram a pizza e, enquanto aguardavam, Nelson falou de si:

— Jovem, tive algumas namoradas, casei-me com vinte e seis anos após namorar Maria Júlia por três anos. Fizemos a nossa casa, que é perto da casa dos pais dela. Não tivemos filhos, e Maria Júlia ficou por sete anos doente. Moro sozinho, tenho pais, uma irmã casada e dois sobrinhos adultos.

— Você foi feliz no casamento? — perguntou Lucíola.

— Não! — Nelson respondeu, depois tentou explicar: — Maria Júlia, logo após o casamento, demonstrou ser geniosa, mimada, implicava com minha família, eu sentia por isso, eu amo meus pais, minha família; se ia falar com ela, era briga na certa, e os pais dela interferiam. Ela não engravidava, fez exames e aí descobri que ela me escondera ter uma enfermidade séria nos rins e que era perigoso para ela engravidar. Optamos para que isso não ocorresse. Sinceramente, eu me sentia infeliz, mas, responsável, tentei fazer de tudo para nosso lar estar em harmonia. Penso que foi por isso, essa minha atitude a fazia ser mais exigente, e todos tinham de fazer o que ela queria. Sua enfermidade piorou e outras surgiram. Os três últimos anos foram muito difíceis, internações, mau humor e sofrimento. Maria Júlia sofreu muito. Quando ela desencarnou, pedi para os pais dela levarem o que queriam dela, doei o resto de suas roupas, remédios e objetos que Maria Júlia usara. E você? Fale-me um pouco de você.

A pizza chegou e, comendo, Lucíola contou que tivera filhos muito jovem, falou o que Alfredo e ela optaram por contar e finalizou:

— Alfredo me traía; quando pude, separamo-nos, aí ele ficou doente, o trouxemos da fazenda e cuidamos dele. Tive depois um outro relacionamento que não deu certo. Estou sozinha, ou melhor, com meus filhos. — Ela falou dos filhos: — Tenho orgulho deles, nunca me deram trabalho, fiz de tudo para que estudassem, e eles estão estudando.

Acabaram de lanchar, ele a levou até o prédio e na despedida ele a convidou:

— Vamos sábado ao cinema? Está passando um filme que quero assistir. Posso passar aqui às vinte horas e trinta minutos e iremos à sessão das vinte e uma horas. Será depois de irmos ao centro espírita.

— Combinado. Espero você. Obrigada!

Lucíola se sentiu contente e esperou com ansiedade pelo sábado. Foram ao centro espírita, depois se arrumou e esperou na frente do prédio por Nelson, que foi pontual. Foram ao cinema, depois comeram um lanche, conversaram bastante.

Na quarta-feira, Lucíola levou uns docinhos para a reunião do grupo de estudo. Elogiaram-na.

— No sábado, dia doze de dezembro — lembrou Bete —, faremos um bazar para arrecadar dinheiro para comprar alimentos extras para as famílias que assistimos e brinquedos para as crianças. Seus doces, Lucíola, são deliciosos. Será que você não os faria para vendermos?

— Eu?! Não sei... — Lucíola não sabia o que responder.

— Com certeza ela não quer fazer, participar. Não é mesmo, Lucíola? É muito trabalhoso, talvez ache que não vale a pena — disse Celeste em tom de deboche.

Todos olharam para Lucíola, que decidiu ser sincera:

— Desculpem-me, os doces ficam caros, pelo menos para mim; os faria com gosto, contente, mas não tenho no momento como arcar com a compra dos ingredientes.

— Mas é somente para você fazê-los, compraremos tudo o que precisa — Bete falou contente.

— Sendo assim, faço sim! — afirmou Lucíola.

Nelson olhou com carinho para Lucíola, e Celeste ficou séria.

Combinaram que no sábado Lucíola iria com Bete. Foi o que fizeram; cedo, às sete horas, chegaram e também muitos outros colaboradores, frequentadores, para ajudar no bazar. Lucíola havia feito uma lista do que necessitava e Celina havia comprado. Ao lado do prédio onde funcionava o centro espírita tinha um

salão, onde faziam refeições para serem distribuídas às terças-
-feiras, quintas-feiras, sábados e domingos; muitos necessitados
iam lá para almoçar. No fundo do salão estavam a cozinha e
dois fogões. Bete, Rosalén e Lucíola foram fazer os doces e, para
enrolá-los, Nelson foi ajudar. Com conversas edificantes, o trabalho foi muito prazeroso, e os doces ficaram deliciosos. Almoçaram ali e, após, o bazar foi aberto. Foi um sucesso, venderam
muitas comidas prontas.

No horário da palestra, alguns dos trabalhadores do bazar foram e, após, outras pessoas vieram e venderam tudo.

Nelson aproximou-se de Lucíola e a avisou:

— Vou levá-la!

Saíram os dois, e Nelson levou três sacolas.

— São compras minhas.

Lucíola não comprou nada.

Quando chegaram ao prédio em que ela morava, Nelson pegou na mão de Lucíola.

— Vamos nos encontrar amanhã? Venho buscá-la às dezesseis horas. Comprei esses pratos, é muito para mim. Fique com estas duas sacolas.

Lucíola pegou, agradeceu, estava contente, despediram-se. No apartamento, ela abriu as sacolas, viu que ele comprara muitas comidas e que, domingo, o almoço já estava pronto. Estava cansada, mas contente pelos seus doces terem dado certo e por todos terem gostado e de ter passado o dia perto de Nelson.

Deitou-se cedo, levantou-se cedo também e fez os doces para a padaria. Almoçou com os filhos. Mariana, entusiasmada, falou de sua formatura, que seria uma semana antes do Natal.

Lucíola se arrumou e esperou por Nelson; saíram de carro, foram a um parque e ficaram passeando.

— Lucíola, desculpe-me, mas preciso saber. Posso lhe perguntar uma coisa?

— Sim, pode.

— Estamos saindo, foram somente umas vezes, mas o que você pensa de mim?

— Eu... — Lucíola não sabia o que responder.

— Posso dizer que estamos namorando? — Nelson também não sabia o que dizer.

— Oh, sim! Quero namorá-lo! — exclamou Lucíola.

Beijaram-se.

— Tenho passado — contou Nelson — o Natal e o Ano-Novo com meus pais, minha irmã, cunhado e sobrinhos nestes últimos anos, e viajamos. Então viajarei com eles, mas quero ir sabendo que estamos namorando.

— Eu ficarei aqui com meus filhos.

Combinaram de se encontrar naquela semana todos os dias, à noite. Lucíola estava muito contente; conhecendo melhor Nelson, compreendeu que de fato o amava.

A formatura de Mariana foi muito bonita, foram dois dias de festa; na sexta-feira, recebeu o diploma; no sábado, teve o jantar e o baile. Deu tudo certo, Mariana ficou muito contente.

— Sinto falta do papai. Ele ia ficar contente — lembrou Mariana.

— Com certeza ele está! — afirmou a mãe.

— Todos nós estamos contentes — concluiu Edson.

Lucíola e Nelson se encontraram no dia vinte e dois para se despedir, ele voltaria no dia quatro de janeiro, e as palestras iniciariam no dia cinco.

Ambos sentiram falta um do outro.

Lucíola passou o Natal com os filhos; Marta, Romeu e o filhinho foram passar com eles. No Ano-Novo, ficaram os quatro. Estarem juntos foi muito bom.

No dia quatro, à noite, Nelson foi vê-la e, no outro dia, após a palestra, ele contou aos amigos no centro espírita que estavam namorando, somente Celeste não gostou e afastou-se zangada.

Os três filhos dela foram também assistir à palestra, Nelson os convidou para irem comer pizza. Foram, conversaram, e a simpatia foi recíproca. Nelson os levou para o apartamento; ao parar em frente ao prédio, os três se despediram e desceram. O casal ficou conversando. Nelson falou o que estava planejando:

— Lucíola, vou vender a casa em que moro e me desfazer de tudo o que tenho nela, perguntarei aos pais de Maria Júlia se eles querem alguma coisa. Conversei com minha família, eles aprovaram e me deram força, eles querem conhecê-la; mamãe marcará um almoço, levarei você à casa de meus pais. Quero voltar a morar mais perto de meus pais, que ficam também mais perto do meu trabalho e do centro espírita. Tenho planos para ficarmos juntos. Nestes dias pensei muito em você, quero-a para mim, que fiquemos juntos.

— Nelson, eu o amo! Amo de verdade! — Lucíola estava sendo sincera.

— Oh! Lucíola, eu também a amo! Quer ficar comigo?

— Sim. Posso morar com você, meus filhos continuarão no apartamento, eles são adultos, ajuizados e ficarão bem.

Fizeram planos.

Tudo foi rápido. Nelson contou para os pais de sua ex-esposa, que não gostaram, eles queriam que Celeste e ele ficassem juntos, casassem. Eles quiseram somente fotos e alguns objetos de Maria Júlia.

Nelson vendeu a casa, alguns móveis e doou o restante, ele de fato não queria nada, não levaria nada para a casa nova. Ele comprou uma casa num bairro bom e no local que queria, Lucíola participou e ajudou a escolher tudo para a residência nova, que ficou uma graça.

Lucíola conheceu os pais de Nelson, a família dele. Era a primeira vez que conhecia sogros, receou não ser aceita, mas foi.

Ela também se organizou, primeiramente conversou com os filhos. Decidiram que iriam ficar no apartamento e, com o aluguel do outro, eles pagariam algumas despesas. José Luís e Edson contribuiriam com as outras. Ela iria três vezes por semana para limpar, lavar, passar e traria algumas comidas prontas. Não iria mais fazer doces para a padaria.

Mariana passou na universidade, cursaria enfermagem, foi um alívio, e as despesas dela agora seriam poucas. Lucíola deu as roupas que Célio lhe dera para ela, que as estava usando.

A casa de Nelson ficou pronta e Lucíola foi morar com ele. Os dois, numa noite, estavam sentados no sofá, e ele a indagou:

— Lucíola, sinto que você não disse algo sobre você.

"É o segredo!", pensou ela. "O segredo, que agora é somente meu, pelo menos entre os encarnados. Segredo é segredo, deixa de ser se for revelado. Não posso falar. O que Nelson pensaria de mim, se souber o que eu fiz? É melhor falar alguma coisa."

Nelson ficou calado, observando, e ela falou em tom baixinho:

— É que não sou casada, não fui!

Nelson riu, a olhou com carinho.

— Sendo assim, é melhor ser agora uma mulher casada.

— Onde morávamos — Lucíola explicou — era muito comum um casal morar junto. Como contei a você, sentia medo do meu padrasto, que me olhava, na época, na minha inocência, estranho, depois entendi que era com cobiça. Alfredo e eu fomos morar juntos; quando mudamos, éramos como casados, sentíamo-nos assim. Quando descobri as traições dele, Alfredo quis casar, mas eu não. Assim, sou solteira.

— Vamos nos casar! — decidiu Nelson.

"Não pensarei mais nesse segredo", pensou concluindo Lucíola. "Nelson pode sentir novamente que eu escondo algo. Vou esquecer, ele ficou no passado."

De fato não pensou mais nele. Ainda mais porque não sentiram mais influências nem de Cidão nem de Alfredo. Ela tinha certeza de que os dois seguiram seus caminhos no Plano Espiritual.

Lucíola sabia que Nelson queria, pelo menos quando mais jovem, ser pai. Eles não conversaram sobre isso. Ele tratava bem os filhos dela, e eles gostavam dele, mais porque estavam vendo a mãe feliz.

Lucíola engravidou; Nelson, todos da família ficaram muito contentes. Os dois se casaram no civil, numa cerimônia simples e familiar.

Os pais dele, vendo Nelson feliz, tratavam bem Lucíola, que retribuía.

— Nelson — disse Lucíola —, meus três partos foram muito difíceis, sofri muito, estou com medo.

— Vamos a um bom médico, agora será diferente, terá o neném no hospital e tudo dará certo.

Pelos exames, Lucíola teria gêmeos, foi uma festa; José Luís, Edson e Mariana aguardavam ansiosos pelos irmãozinhos; os pais de Nelson, pelos netos; a irmã dele, pelos sobrinhos. Todos a paparicavam e compraram muitas coisas para os nenéns.

Anos se passaram. José Luís fez estágio e ficou empregado. Ele, logo após Lucíola ter se mudado, levou a namorada para morar com eles, os dois estudavam juntos, e a família dela era de outra cidade. Deu certo, Lucíola gostou da moça, ela ajudava nas despesas e era ótima cozinheira. Edson também, de estágio remunerado, ficou empregado. José Luís passou a fazer toda a despesa do apartamento e da irmã, não quis mais o aluguel do outro apartamento, que passou a ser de Lucíola, que, com ele, fazia suas despesas pessoais. Os dois tinham ótimos empregos. Mariana se formou e foi trabalhar num hospital; ela, muito bonita, tivera alguns namorados, mas nada sério. No hospital, conheceu um médico cirurgião, namoraram e casaram. José Luís também se casou com a namorada, compraram um apartamento. Edson ficou morando sozinho no apartamento, namorava muito, mas ainda não se firmara com ninguém. Uma vez comentou:

— Mamãe, penso que puxei ao papai, não consigo ser fiel; assim, não me firmo com ninguém para não fazer alguém sofrer.

— Edson — aconselhou a mãe —, pense que herdou coisas boas de seu pai, que era honesto e trabalhador; quanto ao resto, talvez ainda não tenha encontrado alguém que de fato amasse. Porém, se pensa que não conseguirá ser fiel, deve realmente pensar bem antes de ter um relacionamento sério. De fato, não é bom fazer ninguém sofrer.

Lucíola teve os gêmeos, um menino, Rafael, e uma menina, Giovana, crianças lindas, sadias, a alegria de todos. Desta vez o parto foi fácil, assistido por um médico, num hospital e com Nelson ao seu lado.

Lucíola e Nelson se amavam, e muito. Estavam bem, felizes. Todos da família se tornaram espíritas e frequentavam o centro espírita.

Lucíola de fato encontrou um amor.

OBRAS PSICOGRAFADAS PELA MÉDIUM VERA LÚCIA MARINZECK DE CARVALHO

Pelo espírito de Patrícia
- Violetas na janela
- Vivendo no mundo dos espíritos
- A casa do escritor
- O voo da gaivota
- Violetas da Patrícia

Com parceria de Luis Hu Rivas e Ala Mitchell
- Violetinhas na janela
- Turma da Mônica Jovem conhece Violetas na janela

Pelo espírito de Jussara
- Cabocla
- Sonhos de liberdade

Pelo espírito de Rosângela
- Aborrecente não, sou adolescente
- Nós, os jovens
- Ser ou não ser adulto
- O difícil caminho das drogas
- Flores de Maria

Infantil
- O pedacinho azul do céu
- O sonho de Patrícia
- O diário de Luizinho
- A aventura de Rafael
- O velho do livro

Autores diversos
- O que encontrei do outro lado da vida
- Histórias maravilhosas da espiritualidade
- Valeu a pena
- Em missão de socorro

Feito por respostas de cartas pela Vera
- Conforto espiritual 1
- Conforto espiritual 2

Pelo espírito de Antônio Carlos com espíritos diversos
- Deficiente mental! Por que fui um?
- Morri! E agora?
- Ah, se eu pudesse voltar no tempo
- Entrevista com os espíritos
- Somente uma lembrança
- Flores para a alma
- Se não fosse assim... como seria?
- Conforto para a alma

Com parceria de João Duarte de Castro
- Rosana, a terceira vítima fatal

Pelo espírito de Antônio Carlos
- Reconciliação
- Cativos e libertos
- Copos que andam
- Filho adotivo
- Muitos são os chamados
- Reparando erros de vidas passadas
- Palco das encarnações
- Escravo Bernardino
- A mansão da pedra torta
- O rochedo dos amantes
- Reflexo do passado
- Véu do passado
- Aqueles que amam
- Novamente juntos
- A casa do penhasco
- O mistério do sobrado
- Amai os inimigos
- O último jantar
- O jardim das rosas
- O sonâmbulo
- Sejamos felizes
- Por que comigo?
- O céu pode esperar
- A gruta das orquídeas
- O castelo dos sonhos
- Por que fui ateu?
- O enigma da fazenda
- O cravo na lapela
- A casa do bosque
- Um novo recomeço

- O caminho de urze
- A órfã número sete
- A intrusa
- A senhora do solar
- Na sombra da montanha
- O caminho das estrelas
- O escravo – da África para a senzala
- O morro dos ventos
- Histórias do passado
- Meu pé de jabuticaba
- O que eles perderam
- Quando o passado nos alerta
- Retalhos
- A história de cada um
- Tudo passa
- Lembranças que o tempo não apaga
- As ruínas
- O segredo

CONFORTO PARA A ALMA

Psicografia de
VERA LÚCIA MARINZECK DE CARVALHO

De ANTÔNIO CARLOS e ESPÍRITOS DIVERSOS

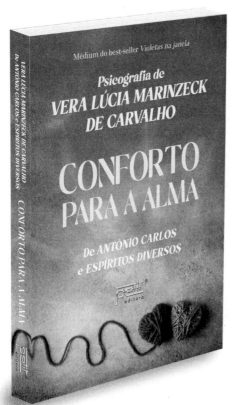

Romance | 15,5 x 22,5 cm
288 páginas

"Todos nós passamos por períodos difíceis, alguns realmente sofridos. O que ocorreu? Como superar essa situação? Normalmente há o conforto. Neste livro, são relatadas diversas situações em que alguém, sofrendo, procura ajuda e são confortados. São relatos interessantes, e talvez você, ao lê-lo, se identifique com algum deles. Se não, o importante é saber que o conforto existe, que é somente procurar, pedir, para recebê-lo. E basta nos fazermos receptivos para sermos sempre reconfortados, isto ocorre pela Misericórdia do Pai Maior. Que livro consolador! Sua leitura nos leva a nos envolver com histórias que emocionam e surpreendem. E como são esclarecedoras as explicações de Antônio Carlos! "

boanova@boanova.net
www.boanova.net | 17 3531.4444

AS RUÍNAS

Vera Lúcia Marinzeck de Carvalho
Do espírito Antônio Carlos

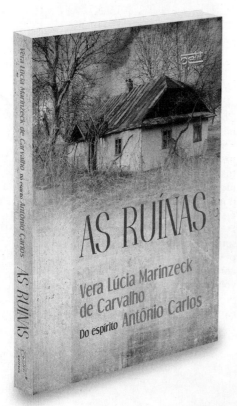

Romance | 15,5 x 22,5 cm
208 páginas

" Aqui está mais um romance com que a dupla Antônio Carlos, espírito, e a médium Vera nos presenteia. "Ruínas", no dicionário, tem o sentido de destruição, causa de males, perda. Ele nos conta a história de vida de Fabiano, que procurou o espiritismo pelos pesadelos que tinha com as ruínas perto da cidade em que morava. Encontrou ajuda e se maravilhou com a Doutrina Espírita. Fabiano também teve outro pesadelo, e acordado. Familiares e amigos o acusaram de assassino. Como resolver mais essa dificuldade? Você terá de ler o livro para saber. Este romance nos traz muitos ensinamentos! "

boanova@boanova.net
www.boanova.net | 17 3531.4444

SE NÃO FOSSE ASSIM... COMO SERIA?

VERA LÚCIA MARINZECK DE CARVALHO
Ditado pelo Espírito ANTÔNIO CARLOS

Romance | 16x23 cm | 240 páginas

Nesta obra, o autor Antônio Carlos organizou relatos de desencarnados que lamentam o "se" de atos equivocados. São histórias de atitudes que tiveram consequências e que, após o retorno, aqueles que as cometeram lastimaram e pensaram: "E 'se' tivesse sido diferente?". E não conseguem a resposta para "Como seria?". Muitos pensam: "E 'se' não tivesse casado?"; "E 'se' tivesse estudado?"; "E 'se' tivesse ido morar em outro lugar?" etc. Neste livro, não estão narrativas assim, são relatos diferentes, como o de Joana, que fez uma escolha para proteger o filho; Ivonete, que permitiu corrupção; Benedito, que trocou bebês recém-nascidos; Jonas, que não teve coragem de assumir que acreditava na reencarnação. Vocês, leitores, com certeza gostarão muito de ler essas histórias de vida e, por essas leituras, se sentirão incentivados a fazer escolhas certas com sabedoria e amor, para não terem o "se" para incomodar e, assim agindo, fazerem parte, um dia, da turma do "ainda bem".

boanova@boanova.net
www.boanova.net | 17 3531.4444

Levamos o livro espírita cada vez mais longe!

Av. Porto Ferreira, 1031 | Parque Iracema
CEP 15809-020 | Catanduva-SP

www.**petit**.com.br
www.**boanova**.net

petit@petit.com.br
boanova@boanova.net

17 3531.4444

17 99257.5523

Siga-nos em nossas redes sociais.

@boanovaed   boanovaeditora

CURTA, COMENTE, COMPARTILHE E SALVE.
utilize #boanovaeditora

Acesse nossa loja   Fale pelo whatsapp